28/09/06

nous avons
en commun
Flaubert

# MARTÍN FIERRO

*serie del siglo y medio*

José Hernández

# MARTÍN FIERRO

eudeba

Hernández, José
    Martín Fierro - 3a ed. 1a reimp. - Buenos Aires : Eudeba, 2006.
238 p. ; 18x11 cm.

    ISBN 950-23-1090-X

    1. Poesía Argentina. I. Título
    CDD A861

Eudeba
Universidad de Buenos Aires

3ª edición: mayo de 2000
3ª edición, 1ª reimpresión: marzo de 2006

© 2000, Editorial Universitaria de Buenos Aires
Sociedad de Economía Mixta
Av. Rivadavia 1571/73 (1033) Ciudad de Buenos Aires
Tel.: 4383-8025 / Fax: 4383-2202
www.eudeba.com.ar

ISBN 950-23-1090-X
ISBN 978-950-23-1090-9
Impreso en la Argentina
Hecho el depósito que establece la ley 11.723

LA FOTOCOPIA
MATA AL LIBRO
Y ES UN DELITO

No se permite la reproducción total o parcial de este libro,
ni su almacenamiento en un sistema informático, ni su
transmisión en cualquier forma o por cualquier medio,
electrónico, mecánico, fotocopias u otros métodos, sin el
permiso previo del editor.

JOSÉ HERNÁNDEZ

# JOSÉ HERNÁNDEZ

## El hombre

Nace José Hernández el 10 de noviembre de 1834 en el Caserío de Perdriel, en el actual partido de San Martín. Su madre fue Isabel Pueyrredón, prima del brigadier Juan Martín de Pueyrredón y hermana de otros militares de brillante actuación. Su padre, Rafael Hernández, era hijo de un comerciante español, José Hernández Plata. Como sus padres deben radicarse en el campo, José queda a cargo de su tía Victoria Pueyrredón. Al verse ésta obligada a emigrar a causa de amenazas mazorqueras, es recogido por su abuela hasta que, muerta su madre en 1843, se reúne con su padre, empleada entonces en establecimientos ganaderos de Rosas. Allí tiene su primer contacto con los modos de vida paisanos, y los observa con una simpatía que durará toda su vida.

En 1853 se pone a las órdenes del coronel Pedro Rosas y Belgrano, defensor del gobierno provincial de Valentín Alsina, amenazado por la rebelión del general Lagos. Prosigue en las armas hasta 1857, trasladándose luego a Paraná con la intención de moverse en un clima político propicio. Trabaja como tenedor de libros. En 1860 actúa en la batalla de Cepeda y luego en Pavón. Decidido partidario de Urquiza, es designado taquígrafo del Senado y, poco después, secretario del general Esteban Pedernera, el cual, luego de la renuncia de Derqui, ocupa la presidencia de la Confederación.

En 1864 se lo ve cerca de Paysandú, cuando la heroica defensa de esa ciudad por los blancos. Dos años después está en Montevideo. Luego en Corrientes, donde, junto

al gobernador *Evaristo López* —de extracción urqui-
cista y federal—, cumple un importante papel, pues
llega a ser miembro del Superior Tribunal y ministro
de gobierno. La destitución de López y los posteriores
sucesos de rebelión contra el gobierno nacional lo dis-
tancian de Urquiza.

Después de hacer periodismo en Buenos Aires (1869),
pasa a Entre Ríos y acompaña a López Jordán, con
quien huye al Brasil luego de la derrota de Ñaembé.
En 1872 aparece El gaucho Martín Fierro. Hasta fi-
nes de 1874 reside en Montevideo y regresa a Buenos
Aires al año siguiente, después de asumir la presiden-
cia Avellaneda, cuya candidatura había apoyado. En
1879 publica La vuelta de Martín Fierro, impresa por
Pablo E. Coni, la centenaria tipografía existente aún
hoy. Es elegido diputado provincial el mismo año.
Luego, en 1881, es senador provincial, hasta 1885.
Muere el 21 de octubre de 1886.

Tan ligado está el poema al autor que, cuando José
Hernández murió, se escribió: "ha muerto el senador
Martín Fierro". En 1874, a poco más de un año de
haber aparecido la obra, se habían agotado siete edi-
ciones. Las restantes son prácticamente incontables.

## La obra

Lugones ha dicho que Hernández sólo se propuso
redactar un panfleto político. Enemigo de la presiden-
cia de Sarmiento y ligado a López Jordán, se hace eco,
sin embargo, de una realidad dramática más allá de
las banderías políticas circunstanciales. El senador
Oroño denunciaba, en octubre de 1869, "el despotismo
y la crueldad con que tratamos a los pobres paisanos",
y añadía que "cuando se quiere mandar un contingen-
te a la frontera, o se quiere organizar un batallón, se
toma por sorpresa o con sorpresa al labrador y al arte-
sano, y mal de su grado se le conduce atrincado a las
filas". También La Nación (14 de noviembre de 1872)

10

*puntualizaba: "Cuando la grita ha llegado a su último punto; cuando ha venido a comprobarse que las guarniciones de los fortines eran insuficientes, que estaban desnudas, desarmadas, desmontadas y hambrientas; sólo entonces se ha visto que, por una especie de pudor y a pesar de sus denegaciones, el Ministerio trataba de enviarles siquiera lo indispensable para mitigar el hambre y cubrir la desnudez de los soldados".*

El mismo Hernández, en la introducción de La Vuelta de Martín Fierro —*"Cuatro palabras de conversación con los lectores"*—, pide excusas por las licencias del lenguaje que usa y enumera los propósitos de su obra. Además de servir de recreo, pretende enseñar que el trabajo honrado es la fuente principal de toda mejora y bienestar; enaltecer las virtudes morales que nacen de la ley natural y que sirven de base a todas las virtudes sociales; inculcar en los hombres el sentimiento de veneración hacia su Creador, inclinándolos a obrar bien; afear las supersticiones ridículas y generalizadas que nacen de una deplorable ignorancia; regularizar y dulcificar las costumbres; recordar a hijos, padres y esposos sus recíprocos deberes; afirmar, par último, en los ciudadanos *"el amor a la libertad, sin apartarse del respeto que es debido a los superiores y magistrados".*

Pero, aparte de sus designios políticos y morales, Hernández logra producir una auténtica obra de arte, quizás, como apunta Borges, precisamente porque no se lo propuso. Y esto, los aciertos expresivos antes que el debatido argumento, es lo que asegura su perennidad.

Unamuno dijo al leer el **Martín Fierro** *"un eco robustecido de nuestros viejos romances"* y encontraba en el poema argentino *"la misma concentración en el relato, el mismo vigor en el trazo, la misma ausencia de matices y penumbrosidades, el mismo desfilar de sucesos definidos y realzados, como lo son los objetos bajo el sol esplendente de Castilla, que con las sombras, los* *separa". Es decir, instalar al* Martín Fierro *en una tradición muchas veces secular. Pero, al propio tiempo, la inmortal obra de Hernández corona una más breve aunque significativa tradición vernácula, al convertirse en el arquetipo de la literatura gauchesca.*

# El gaucho Martín Fierro

1   Aquí me pongo a cantar
    al compás de la vigüela,
    que el hombre que lo desvela
    una pena estrordinaria,
5   como la ave solitaria
    con el cantar se consuela.

    Pido a los santos del cielo
    que ayuden mi pensamiento,
    les pido en este momento
10  que voy a cantar mi historia
    me refresquen la memoria
    y aclaren mi entendimiento.

    Vengan santos milagrosos,
    vengan todos en mi ayuda,
15  que la lengua se me añuda
    y se me turba la vista;
    pido a mi Dios que me asista
    en una ocasión tan ruda.

    Yo he visto muchos cantores,
20  con famas bien otenidas,
    y que después de alquiridas
    no las quieren sustentar:
    parece que sin largar
    se cansaron en paridas.

25 Mas ande otro criollo pasa
Martín Fierro ha de pasar;
nada lo hace recular
ni las fantasmas lo espantan,
y dende que todos cantan
30 yo también quiero cantar.

Cantando me he de morir,
cantando me han de enterrar,
y cantando he de llegar
al pie del Eterno Padre:
35 dende el vientre de mi madre
vine a este mundo a cantar.

Que no se trabe mi lengua
ni me falte la palabra;
el cantar mi gloria labra
40 y, poniéndome a cantar,
cantando me han de encontrar
aunque la tierra se abra.

Me siento en el plan de un bajo
a cantar un argumento;
45 como si soplara el viento
hago tiritar los pastos.
Con oros, copas y bastos
juega allí mi pensamiento.

Yo no soy cantor letrao,
50 mas si me pongo a cantar
no tengo cuándo acabar
y me envejezco cantando
las coplas me van brotando
como agua de manantial.

55 Con la guitarra en la mano
ni las moscas se me arriman;
naides me pone el pie encima,
y, cuando el pecho se entona,
hago gemir a la prima
60 y llorar a la bordona.

Yo soy toro en mi rodeo
y torazo en rodeo ajeno;
siempre me tuve por güeno
y si me quieren probar
65   salgan otros a cantar
y veremos quién es menos.

No me hago al lao de la güeya
aunque vengan degollando;
con los blandos yo soy blando
70   y soy duro con los duros,
y ninguno en un apuro
me ha visto andar tutubiando.

En el peligro ¡qué Cristo!
el corazón se me enancha,
75   pues toda la tierra es cancha,
y de esto naides se asombre:
el que se tiene por hombre
donde quiera hace pata ancha.

Soy gaucho, y entiéndanló
80   como mi lengua lo esplica:
para mí la tierra es chica
y pudiera ser mayor;
ni la víbora me pica
ni quema mi frente el sol.

85   Nací como nace el peje
en el fondo de la mar;
naides me puede quitar
aquello que Dios me dió:
lo que a mundo truje yo
90   del mundo ló he de llevar.

Mi gloria es vivir tan libre
como el pájaro del cielo;
no hago nido en este suelo
ande hay tanto que sufrir,
95   y naides me ha de seguir
cuando yo remuento el vuelo.

Yo no tengo en el amor
quien me venga con querellas,
como esas aves tan bellas
100    que saltan de rama en rama;
yo hago en el trébol mi cama
y me cubren las estrellas

Y sepan cuantos escuchan
de mis penas el relato
105    que nunca peleo ni mato
sino por necesidá,
y que a tanta alversidá
sólo me arrojó el mal trato.

Y atiendan la relación
110    que hace un gaucho perseguido
que padre y marido ha sido
empeñoso y diligente,
y sin embargo la gente
lo tiene por un bandido.

**II**

115    Ninguno me hable de penas,
porque yo penando vivo,'
y naides se muestre altivo
aunque en el estribo esté,
que suele quedarse a pie
120    el gaucho más alvertido.

Junta esperencia en la vida
hasta pa dar y prestar
quien la tiene que pasar
entre sufrimiento y llanto;
125    porque nada enseña tanto
como el sufrir y el llorar.

Viene el hombre ciego al mundo,
cuartiándoló la esperanza,
y a poco andar ya lo alcanzan
130 las desgracias a empujones.
¡La pucha, que trae liciones
el tiempo con sus mudanzas!

Yo he conocido esta tierra
en que el paisano vivía
135 y su ranchito tenía
y sus hijos y mujer...
Era una delicia el ver
cómo pasaba sus días.

Entonces... cuando el lucero
140 brillaba en el cielo santo,
y los gallos con su canto
nos decían que el día llegaba,
a la cocina rumbiaba
el gaucho... que era un encanto.

145 Y sentao junto al jogón
a esperar que venga el día,
al cimarrón le prendía
hasta ponerse rechoncho,
mientras su china dormía
150 tapadita con su poncho.

Y apenas la madrugada
empezaba a coloriar,
los pájaros a cantar
y las gallinas a apiarse,
155 era cosa de largarse
cada cual a trabajar.

Éste se ata las espuelas,
se sale el otro cantando,
uno busca un pellón blando,
160 éste un lazo, otro un rebenque,
y los pingos relinchando
los llaman dende el palenque.

El que era pion domador
enderezaba al corral,
165 ande estaba el animal
—bufidos que se las pela...—
y, más malo que su agüela,
se hacía astillas el bagual.

Y allí el gaucho inteligente
170 en cuanto el potro enriendó,
los cueros le acomodó,
y se le sentó en seguida,
que el hombre muestra en la vida
la astucia que Dios le dió.

175 Y en las playas corcoviando
pedazos se hacía el sotreta
mientras él por las paletas
le jugaba las lloronas
y al ruido de las caronas
180 salía haciéndosé gambetas.

¡Ah tiempos!... ¡Si era un orgullo
ver jinetiar un paisano!
Cuando era gaucho baquiano,
aunque el potro se boliase,
185 no había uno que no parase
con el cabresto en la mano.

Y mientras domaban unos,
otros al campo salían,
y la hacienda recogían,
190 las manadas repuntaban,
y ansí sin sentir pasaban
entretenidos el día.

Y verlos al cáir la noche
en la cocina riunidos,
195 con el juego bien prendido
y mil cosas que contar,
platicar muy divertidos
hasta después de cenar.

Y con el buche bien lleno
200 era cosa superior
irse en brazos del amor
a dormir como la gente,
pa empezar al día siguiente
las fáinas del día anterior.

205 Ricuerdo. . . ¡qué maravilla!
cómo andaba la gauchada
siempre alegre y bien montada
y dispuesta pa el trabajo;
pero hoy en el día... ¡barajo!
210 no se la ve de aporriada.

El gaucho más infeliz
tenía tropilla de un pelo;
no le faltaba un consuelo
y andaba la gente lista...
215 Tendiendo al campo la vista,
no vía sino hacienda y cielo.

Cuando llegaban las yerras
¡cosa que daba calor
tanto gaucho pialador
220 y tironiador sin yel!
¡Ah tiempos... pero si en él
se ha visto tanto primor!

Aquello no era trabajo,
más bien era una junción,
225 y después de un güen tirón
en que uno se daba maña,
pa darle un trago de caña
solía llamarlo el patrón.

Pues siempre la mamajuana
230 vivía bajo la carreta;
y aquel que no era chancleta,
en cuanto el goyete vía,
sin miedo se le prendía
como güérfano a la teta.

235　¡Y qué jugadas se armaban
　　　cuando estábamos riunidos!
　　　Siempre íbamos prevenidos,
　　　pues en tales ocasiones
　　　a ayudarles a los piones
240　caiban muchos comedidos.

　　　Eran los días del apuro
　　　y alboroto pa el hembraje,
　　　pa preparar los potajes
　　　y osequiar bien a la gente,
245　y ansí, pues, muy grandemente
　　　pasaba siempre el gauchaje.

　　　Venía la carne con cuero,
　　　la sabrosa carbonada,
　　　mazamorra bien pisada,
250　los pasteles y el güen vino...
　　　pero ha querido el destino
　　　que todo aquello acabara.

　　　Estaba el gaucho en su pago
　　　con toda siguridá,
255　pero aura... ¡barbaridá!
　　　la cosa anda tan fruncida,
　　　que gasta el pobre la vida
　　　en juir de la autoridá.

　　　Pues si usté pisa en su rancho
260　y si el alcalde lo sabe
　　　lo caza lo mesmo que ave
　　　aunque su mujer aborte...
　　　No hay tiempo que no se acabe
　　　ni tiento que no se corte.

265　Y al punto dése por muerto
　　　si el alcalde lo bolea,
　　　pues áhi no más se le apea
　　　con una felpa de palos.
　　　Y después dicen que es malo
270　el gaucho si los pelea.

Y el lomo le hinchan a golpes,
y le rompen la cabeza,
y luego con ligereza,
ansí lastimao y todo,
275   lo amarran codo con codo
y pa el cepo lo enderiezan.

Áhi comienzan sus desgracias,
áhi principia el pericón;
porque ya no hay salvación,
280   y que usté quiera o no quiera,
lo mandan a la frontera
o lo echan a un batallón.

Ansí empezaron mis males
lo mesmo que los de tantos.
285   Si gustan... en otros cantos
les diré lo que he sufrido.
Después que uno está perdido
no lo salvan ni los santos.

## III

Tuve en mi pago en un tiempo
290   hijos, hacienda y mujer;
pero empecé a padecer,
me echaron a la frontera.
¡Y qué iba a hallar al volver!
Tan sólo hallé la tapera.

295   Sosegao vivía en mi rancho
como el pájaro en su nido;
allí mis hijos queridos
iban creciendo a mi lao...
Sólo queda al desgraciao
300   lamentar el bien perdido.

Mi gala en las pulperías
era, cuanto había más gente,
ponerme medio caliente,
pues, cuando puntiao me encuentro,
305 me salen coplas de adentro
como agua de la virtiente.

Cantando estaba una vez
en una gran diversión;
y aprovechó la ocasión
310 como quiso el Juez de paz...
se presentó, y áhi no más
hizo una arriada en montón.

Juyeron los más matreros
y lograron escapar.
315 Yo no quise disparar;
soy manso, y no había por qué.
Muy tranquilo me quedé
y ansí me dejé agarrar.

Allí un gringo con un órgano
320 y una mona que bailaba
haciéndonos rair estaba
cuando le tocó el arreo.
¡Tan grande el gringo y tan feo,
lo viera cómo lloraba!

325 Hasta un inglés sanjiador
que decía en la última guerra
que él era de Inca-la-perra
y que no quería servir,
tuvo también que juir
330 a guarecerse en la Sierra.

Ni los mirones salvaron
de esa arriada de mi flor;
fué acoyarao el cantor
con el gringo de la mona;
335 a uno solo, por favor,
logró salvar la patrona.

Formaron un contingente
con los que en el baile arriaron;
con otros nos mesturaron
340 que habían agarrao también:
las cosas que aquí se ven
ni los diablos las pensaron.

A mí el Juez me tomó entre ojos
en la última votación:
345 me le había hecho el remolón
y no me animé ese día,
y él dijo que yo servía
a los de la esposición.

Y ansí sufrí ese castigo
350 tal vez por culpas ajenas;
que sean malas o sean güenas
las listas, siempre me escondo:
yo soy un gaucho redondo
y esas cosas no me enllenan.

355 Al mandarnos nos hicieron
más promesas que a un altar.
El Juez nos jué a ploclamar
y nos dijo muchas veces:
"Muchachos, a los seis meses
360 los van a ir a revelar."

Yo llevé un moro de número.
¡Sobresaliente el matucho!
Con él gané en Ayacucho
más plata que agua bendita:
365 siempre el gaucho necesita
un pingo pa fiarle un pucho.

Y cargué sin dar más güeltas
con las prendas que tenía:
jergas, poncho, cuanto había
370 en casa, tuito lo alcé:
a mi china la dejé
media desnuda ese día.

No me faltaba una guasca;
esa ocasión eché el resto:
375 bozal maniador, cabresto,
lazo, bolas y manea...
¡El que hoy tan pobre me vea
tal vez no crerá todo esto!

Ansí en mi moro, escarciando,
380 enderecé a la frontera.
¡Aparcero, si usté viera
lo que se llama cantón...!
Ni envidia tengo al ratón
en aquella ratonera.

385 De los pobres que allí había
a ninguno lo largaron;
los más viejos rezongaron,
pero a uno que se quejó
en seguida lo estaquiaron
390 y la cosa se acabó.

En la lista de la tarde
el jefe nos cantó el punto,
diciendo: Quinientos juntos
llevará el que se resierte;
395 lo haremos pitar del juerte;
más bien dése por dijunto.

· A naides le dieron armas,
pues toditas las que había
el coronel las tenía,
400 según dijo esa ocasión,
pa repartirlas el día
en que hubiera una invasión.

Al principio nos dejaron
de haraganes criando sebo,
405 pero después... no me atrevo
a decir lo que pasaba.
¡Barajo!... si nos trataban
como se trata a malevos.

Porque todo era jugarle
410  por los lomos con la espada,
y, aunque usté no hiciera nada,
lo mesmito que en Palermo
le daban cada cepiada
que lo dejaban enfermo.

415  ¡Y qué indios, ni qué servicio,
si allí no había ni cuartel!
Nos mandaba el coronel
a trabajar en sus chacras,
y dejábamos las vacas
420  que las llevara el infiel.

Yo primero sembré trigo
y después hice un corral,
corté adobe pa un tapial,
hice un quincho, corté paja...
425  ¡La pucha, que se trabaja
sin que le larguen ni un rial!

Y es lo pior de aquel enriedo
que si uno anda hinchando el lomo
ya se le apean como plomo...
430  ¡Quién aguanta aquel infierno!
Si eso es servir al gobierno,
a mí no me gusta el cómo.

Más de un año nos tuvieron
en esos trabajos duros,
435  y los indios, le asiguro,
dentraban cuando querían:
como no los perseguían
siempre andaban sin apuro.

A veces decía al volver
440  del campo la descubierta
que estuviéramos alerta,
que andaba adentro la indiada;
porque había una rastrillada
o estaba una yegua muerta.

445  Recién entonces salía
     la orden de hacer la riunión
     y cáibamos al cantón
     en pelo y hasta enancaos,
     sin armas, cuatro pelaos
450  que íbamos a hacer jabón.

     Áhí empezaba el afán,
     se entiende, de puro vicio,
     de enseñarle el ejercicio
     a tanto gaucho recluta,
455  con un estrutor ¡qué... bruta!
     que nunca sabía su oficio.

     Daban entonces las armas
     pa defender los cantones,
     que eran lansas y latones
460  con ataduras de tiento...
     Las de juego no las cuento,
     porque no había municiones.

     Y chamuscao un sargento
     me contó que las tenían,
465  pero que ellos las vendían
     para cazar avestruces;
     y ansí andaban noche y día
     déle bala a los ñanduces.

     Y cuando se iban los indios
470  con lo que habían manotiao,
     salíamos muy apuraos
     a perseguirlos de atrás;
     si no se llevaban más
     es porque no habían hallao.

475  Allí sí se ven desgracias
     y lágrimas y aflicciones,
     naides le pida perdones
     al indio, pues donde dentra
     roba y mata cuanto encuentra
480  y quema las poblaciones.

No salvan de su juror
ni los pobres angelitos:
viejos, mozos y chiquitos
los mata del mesmo modo;
485   que el indio lo arregla todo
con la lanza y con los gritos.

Tiemblan las carnes al verlo
volando al viento la cerda,
la rienda en la mano izquierda
490   y la lanza en la derecha;
ande enderiesa abre brecha
pues no hay lanzaso que pierda.

Hace trotiadas tremendas
dende el fondo del desierto;
495   ansí llega medio muerto
de hambre, de sé y de fatiga;
pero el indio es una hormiga
que día y noche está dispierto.

Sabe manejar las bolas
500   como naides las maneja;
cuanto el contrario se aleja
manda una bola perdida
y si lo alcanza, sin vida
es siguro que lo deja.

505   Y el indio es como tortuga
de duro para espichar;
si lo llega a destripar
ni siquiera se le encoge:
luego sus tripas recoge
510   y se agacha a disparar.

Hacían el robo a su gusto
y después se iban de arriba,
se llevaban las cautivas
y nos contaban que a veces
515   les descarnaban los pieses
a las pobrecitas, vivas.

¡Ah, si partía el corazón
ver tantos males, canejo!
Los perseguíamos de lejos
520 sin poder ni galopiar.
¡Y qué habíamos de alcanzar
en unos bichocos viejos!

Nos volvíamos al cantón
a las dos o tres jornadas
525 sembrando las caballadas;
y pa que alguno la venda,
rejuntábamos la hacienda
que habían dejao resagada.

Una vez entre otras muchas,
530 tanto salir al botón,
nos pegaron un malón
los indios y una lanciada,
que la gente acobardada
quedó dende esa ocasión.

535 Habían estao escondidos
aguaitando atrás de un cerro,
¡Lo viera a su amigo Fierro
aflojar como un blandito!
Salieron como máiz frito
540 en cuanto sonó un cencerro.

Al punto nos dispusimos
aunque ellos eran bastantes;
la formamos al istante
nuestra gente, que era poca;
545 y golpiándosé en la boca
hicieron fila adelante.

Se vinieron en tropel
haciendo temblar la tierra.
No soy manco pa la guerra
550 pero tuve mi jabón,
pues iba en un redomón
que había boliao en la Sierra.

¡Qué vocerío, qué barullo,
qué apurar esa carrera!
555 La indiada todita entera
dando alaridos cargó.
¡Jué pucha!... y ya nos sacó
como yeguada matrera.

¡Qué fletes traiban los bárbaros,
560 como una luz de lijeros!
Hicieron el entrevero
y en aquella mescolanza,
éste quiero, éste no quiero,
nos escojían con la lanza.

565 Al que le dan un chuzaso
dificultoso es que sane:
en fin, para no echar panes,
salimos por esas lomas
lo mesmo que las palomas
570 al juir de los gavilanes.

Es de almirar la destreza
con que la lanza manejan.
De perseguir nunca dejan
y nos traiban apretaos.
575 ¡Si queríamos, de apuraos,
salirnos por las orejas!

Y pa mejor de la fiesta
en esta aflición tan suma,
vino un indio echando espuma
580 y con la lanza en la mano
gritando: "Acabau, cristiano,
metau el lanza hasta el pluma."

Tendido en el costillar,
cimbrando por sobre el brazo
585 una lanza como un lazo,
me atropeyó dando gritos:
si me descuido... el maldito
me levanta de un lanzaso.

Si me atribulo o me encojo,
590 siguro que no me escapo;
siempre he sido medio guapo
pero en aquella ocasión
me hacía buya el corazón
como la garganta al sapo.

595 Dios le perdone al salvaje
las ganas que me tenía...
Desaté las tres marías
y lo engatusé a cabriolas.
¡Pucha!... Si no traigo bolas
600 me achura el indio ese día.

Era el hijo de un casique
sigún yo lo avirigüé;
la verdá del caso jué
que me tuvo apuradazo,
605 hasta que, al fin, de un bolazo
del caballo lo bajé.

Áhi no más me tiré al suelo
y lo pisé en las paletas;
empezó a hacer morisquetas
610 y a mezquinar la garganta...
pero yo hice la obra santa
de hacerlo estirar la jeta.

Allí quedó de mojón
y en su caballo salté;
615 de la indiada disparé,
pues si me alcanza me mata,
y, al fin, me les escapé
con el hilo en una pata.

## IV

Seguiré esta relación
620 aunque pa chorizo es largo
el que pueda hágasé cargo
cómo andaría de matrero,
después de salvar el cuero
de aquel trance tan amargo.

625 Del sueldo nada les cuento,
porque andaba disparando;
nosotros, de cuando en cuando,
solíamos ladrar de pobres:
nunca llegaban los cobres
630 que se estaban aguardando.

Y andábamos de mugrientos
que el miramos daba horror;
le juro que era un dolor
ver esos hombres, ¡por Cristo!
635 En mi perra vida he visto
una miseria mayor.

Yo no tenía ni camisa
ni cosa que se parezca;
mis trapos sólo pa yesca
640 me podían servir al fin...
No hay plaga como un fortín
para que el hombre padezca.

Poncho, jergas, el apero,
las prenditas, los botones,
645 todo, amigo, en los cantones
jué quedando poco a poco;
ya nos tenían medio loco
la pobreza y los ratones.

Sólo una manta peluda
650   era cuanto me quedaba;
la había agenciao a la taba
y ella me tapaba el bulto;
yaguané que allí ganaba
no salía... ni con indulto.

655   Y pa mejor hasta el moro
se me jué de entre las manos;
no soy lerdo... pero, hermano,
vino el comendante un día
diciendo que lo quería
660   "pa enseñarle a comer grano."

Afigúresé cualquiera
la suerte de este su amigo,
a pie y mostrando el umbligo,
estropiao, pobre y desnudo.
665   Ni por castigo se pudo
hacerse más mal conmigo.

Ansí pasaron los meses,
y vino el año siguiente,
y las cosas igualmente
670   siguieron del mesmo modo:
adrede parece todo
para aburrir a la gente.

No teníamos más permiso,
ni otro alivio la gauchada,
675   que salir de madrugada,
cuando no había indio ninguno,
campo ajuera, a hacer boliadas,
desocando los reyunos.

Y cáibamos al cantón
680   con los fletes aplastaos,
pero a veces medio aviaos
con plumas y algunos cueros
que áhi no más con el pulpero
los teníamos negociaos.

685 Era un amigo del jefe
    que con un boliche estaba;
    yerba y tabaco nos daba
    por la pluma de avestruz,
    y basta le hacía ver la luz
690 al que un cuero le llevaba.

    Sólo tenía cuatro frascos
    y unas barricas vacías,
    y a la gente le vendía
    todo cuanto precisaba:
695 a veces creiba que estaba
    allí la provedaría.

    ¡Ah pulpero habilidoso!
    Nada le solía faltar
    ¡aijuna! y para tragar
700 tenía un buche de ñandú,
    La gente le dio en llamar
    "El boliche de virtú."

    Aunque es justo que quien vende
    algún poquitito muerda,
705 tiraba tanto la cuerda
    que con sus cuatro limetas
    él cargaba las carretas
    de plumas, cueros y cerda.

    Nos tenía apuntaos a todos
710 con más cuentas que un rosario,
    cuando se anunció un salario
    que iban a dar, o un socorro;
    pero sabe Dios qué zorro
    se lo comió al comisario.

715 Pues nunca lo vi llegar
    y, al cabo de muchos días,
    en la mesma pulpería
    dieron una *buena cuenta*,
    que la gente muy contenta
720 de tan pobre recebía.

Sacaron unos sus prendas
que las tenían empeñadas,
por sus diudas atrasadas
dieron otros el dinero;
725 al fin de fiesta el pulpero
se quedó con la mascada.

Yo me arrecosté a un horcón
dando tiempo a que pagaran,
y poniendo güena cara
730 estuve haciéndomé el poyo,
a esperar que me llamaran
para recebir mi boyo.

Pero áhi me pude quedar
pegao pa siempre al horcón;
735 ya era casi la oración
y ninguno me llamaba;
la cosa se me ñublaba
y me dentró comezón.

Pa sacarme el entripao
740 vi al mayor, y lo fí a hablar.
Yo me le empecé a atracar
y, como con poca gana,
le dije: "Tal vez mañana
acabarán de pagar."

745 "—Qué mañana ni otro día",
al punto me contestó,
"la paga ya se acabó,
siempre has de ser animal."
Me rái y le dije: "Yo...
750 no he recebido ni un rial."

Se le pusieron los ojos
que se le querían salir,
y áhi no más volvió a decir
comiéndomé con la vista:
755 "—¿Y qué querés recebir
si no has dentrao en la lista?"

36

"—Esto sí que es amolar",
dije yo pa mis adentros,
"van dos años que me encuentro
760  y hasta áura he visto ni un grullo;
dentro en todos los barullos
pero en las listas no dentro."

Vide el plaito mal parao
y no quise aguardar más...
765  Es güeno vivir en paz
Con quien nos ha de mandar,
y, reculando pa trás,
me le empecé a retirar,

Supo todo el comendante
770  y me llamó al otro día,
diciéndomé que quería
aviriguar bien las cosas...
que no era el tiempo de Rosas,
que aura a naides se debía.

775  Llamó al cabo y al sargento
y empezó la indagación:
si había venido al cantón
en tal tiempo o en tal otro...
y si había venido en potro,
780  en reyuno o redomón.

Y todo era alborotar
al ñudo, y hacer papel:
conocí que era pastel
pa engordar con mi guayaca;
785  mas si voy al coronel
me hacen bramar en la estaca.

¡Ah hijos de una!... ¡La codicia
ojala les ruempa el saco!
Ni un pedazo de tabaco
790  le dan al pobre soldao,
y lo tienen, de delgao,
más ligero que un guanaco.

Pero qué iba a hacerles yo,
charabón en el desierto;
795 más bien me daba por muerto
pa no verme más fundido
y me les hacía el dormido
aunque soy medio dispierto.

**V**

Yo andaba desesperao
800 aguardando una ocasión
que los indios un malón
nos dieran, y entre el estrago
hacérmelés cimarrón
y volverme pa mi pago.

805 Aquello no era servicio
ni defender la frontera:
aquello era ratonera
en que es más gato el más juerte:
era jugar a la suerte
810 con una taba culera.

Allí tuito va al revés:
los milicos se hacen piones,
y andan por las poblaciones
emprestaos pa trabajar;
815 los mjuntan pa peliar
cuando entran indios ladrones.

Yo he visto en esa milonga
muchos jefes con estancia,
y piones en abundancia,
820 y majadas y rodeos;
he visto negocios feos
a pesar de mi inorancia.

Y colijo que no quieren
la barunda componer:
825 para esto no ha de tener
el jefe, aunque esté de estable,
más que su poncho y su sable,
su caballo y su deber.

Ansina, pues, conociendo
830 que aquel mal no tiene cura,
que tal vez mi sepultura
si me quedo iba a encontrar,
pensé en mandarme mudar
como cosa más sigura.

835 Y, pa mejor, una noche
¡qué estaquiada me pegaron!
Casi me descoyuntaron
por motivo de una gresca.
¡Aijuna, si me estiraron
840 lo mesmo que guasca fresca!

Jamás me puedo olvidar
lo que esa vez me pasó:
dentrando una noche yo
al fortín, un enganchao,
845 que estaba medio mamao,
allí me desconoció.

Era un gringo tan bozal,
que nada se le entendía.
¡Quién sabe de ánde sería!
850 Tal vez no juera cristiano,
pues lo único que decía,
es que era *pa-po-litano*.

Estaba de centinela
y, por causa del peludo,
855 verme más claro no pudo
y esa jué la culpa toda.
El bruto se asustó al ñudo
y fi el pavo de la boda.

Cuanto me vido acercar:
860 "¿Quen vívore?", preguntó;
"Qué víboras", dije yo;
"¡Ha garto!", me pegó el grito.
Y yo dije despacito:
"Más lagarto serás vos."

865 Áhi no más ¡Cristo me valga!
rastrillar el jusil siento;
me agaché, y en el momento
el bruto me largó un chumbo;
mamao, me tiró sin rumbo,
870 que si no, no cuento el cuento.

Por de contao, con el tiro
se alborotó el avispero;
los oficiales salieron
y se empezó la junción:
875 quedó en su puesto el nación
y yo fi al estaquiadero.

Entre cuatro bayonetas
me tendieron en el suelo.
Vino el mayor medio en pedo
880 y allí se puso a gritar:
"Pícaro, te he de enseñar
a andar declamando sueldos."

De las manos y las patas
me ataron cuatro cinchones.
885 Les aguanté los tirones
sin que ni un ¡ay! se me oyera
y al gringo la noche entera
lo harté con mis maldiciones.

Yo no sé por qué el gobiemo
890 nos manda aquí a la frontera
gringada que ni siquiera
se sabe atracar a un pingo.
¡Si crerá al mandar un gringo
que nos manda alguna fiera!

895 No hacen más que dar trabajo
    pues no saben ni ensillar;
    no sirven ni pa carniar,
    y yo he visto muchas veces
    que ni voltiadas las reses
900 se les querían animar.

    Y lo pasan sus mercedes
    lengüetiando pico a pico
    hasta que viene un milico
    a servirles el asao...
905 Y, eso sí, en lo delicaos
    parecen hijos de rico.

    Si hay calor, ya no son gente,
    si yela, todos tiritan;
    si usté no les da, no pitan
910 por no gastar en tabaco,
    y cuando pescan un naco
    unos a otros se lo quitan.

    Cuanto llueve se acoquinan
    como el perro que oye truenos.
915 ¡Qué diablos! Sólo son güenos
    pa vivir entre maricas,
    y nunca se andan con chicas
    para alzar ponchos ajenos.

    Pa vichar son como ciegos,
920 ni hay ejemplo de que entiendan;
    no hay uno sólo que aprienda,
    al ver un bulto que cruza,
    a saber si es avestruza,
    o si es jinete, o hacienda.

925 Si salen a perseguir
    después de mucho aparato,
    tuitos se pelan al rato
    y va quedando el tendal:
    esto es como en un nidal
930 echarle güebos a un gato.

## VI

Vamos dentrando recién
a la parte más sentida,
aunque es todita mi vida
de males una cadena:
935 a cada alma dolorida
le gusta cantar sus penas.

Se empezó en aquel entonces
a rejuntar caballada
y riunir la milicada,
940 teniéndolá en el cantón,
para una despedición
a sorprender a la indiada.

Nos anunciaban que iríamos
sin carretas ni bagajes
945 a golpiar a los salvajes
en sus mesmas tolderías;
que a la güelta pagarían
licenciándolo al gauchaje.

Que en esta despedición
950 tuviéramos la esperanza,
que iba a venir sin tardanza,
sigún el jefe contó,
un menistro o qué sé yo...
que lo llamaban Don Ganza.

955 Que iba a riunir el ejército
y tuitos los batallones
y que traiba unos cañones
con más myas que un cotín.
!Pucha!... las conversaciones
960 por allá no tenían fin.

Pero esas trampas no enriedan
a los zorros de mi laya;
que el menistro venga o vaya,
poco le importa a un matrero.
965 Yo también dejé las rayas...
en los libros del pulpero.

Nunca juí gaucho dormido,
siempre pronto, siempre listo,
yo soy un hombre ¡qué Cristo!
970 que nada me ha acobardao,
y siempre salí parao
en los trances que me he visto.

Dende chiquito gané
la vida con mi trabajo,
975 y aunque siempre estuve abajo
y no sé lo que es subir,
también el mucho sufrir
suele cansamos ¡barajo!

En medio de mi inorancia
980 conozco que nada valgo;
soy la liebre o soy el galgo
asigún los tiempos andan;
pero también los que mandan
debieran cuidarnos algo.

985 Una noche que riunidos
estaban en la carpeta
empinando una limeta
el jefe y el juez de paz,
yo no quise aguardar más
990 y me hice humo en un sotreta.

Para mí el campo son flores
dende que libre me veo;
donde me lleva el deseo
allí mis pasos dirijo
995 y hasta en las sombras, de fijo
que a dondequiera rumbeo.

43

Entro y salgo del peligro
sin que me espante el estrago;
no aflojo al primer amago
1000  ni jamás fí gaucho lerdo:
soy pa rumbiar como el cerdo
y pronto cái a mi pago.

Volvía al cabo de tres años
de tanto sufrir al ñudo,
1005  resertor, pobre y desnudo,
a procurar suerte nueva,
y lo mesmo que el peludo
enderecé pa mi cueva.

No hallé ni rastro del rancho;
1010  sólo estaba la tapera.
¡Por Cristo, si aquello era
pa enlutar el corazón!
Yo juré en esa ocasión
ser más malo que una fiera.

1015  ¡Quién no sentirá lo mesmo
Cuando ansí padece tanto!
Puedo asigurar que el llanto
como una mujer largué.
¡Ay, mi Dios, si me quedé
1020  más triste que Jueves Santo!

Sólo se oiban los aullidos
de un gato que se salvó:
el pobre se guareció
cerca, en una vizcachera;
1025  venía como si supiera
que estaba de güelta yo.

Al dirme dejé la hacienda
que era todito mi haber;
pronto debíamos volver,
1030  según el juez prometía,
y hasta entonces cuidaría
de los bienes la mujer.

Después me contó un vecino
que el campo se lo pidieron,
1035    la hacienda se la vendieron
pa pagar arrendamientos,
y qué sé yo cuántos cuentos;
pero todo lo fundieron.

Los pobrecitos muchachos,
1040    entre tantas afliciones,
se conchabaron de piones.
¡Mas qué iban a trabajar,
si eran como los pichones
sin acabar de emplumar!

1045    Por áhi andarán sufriendo
de nuestra suerte el rigor:
me han contado que el mayor
nunca dejaba a su hermano;
puede ser que algún cristiano
1050    los recoja por favor.

¡Y la pobre mi mujer,
Dios sabe cuánto sufrió!
Me dicen que se voló
con no sé qué gavilán,
1055    sin duda a buscar el pan
que no podía darle yo.

No es raro que a uno le falte
lo que a algún otro le sobre;
si no le quedó ni un cobre
1060    sinó de hijos un enjambre,
¿qué más iba a hacer la pobre
para no morirse de hambre?

Tal vez no te vuelva a ver,
prenda de mi corazón:
1065    Dios te dé su proteción
ya que no me la dió a mí,
y a mis hijos dende aquí
les echo mi bendición.

Como hijitos de la cuna
1070 andarán por áhi sin madre.
Ya se quedaron sin padre,
y ansí la suerte los deja
sin naides que los proteja
y sin perro que los ladre.

1075 Los pobrecitos tal vez
no tengan ande abrigarse,
ni ramada ande ganarse,
ni un rincón ande meterse,
ni camisa que ponerse,
1080 ni poncho con que taparse.

Tal vez los verán sufrir
sin tenerles compasión;
puede que alguna ocasión
aunque los vean tiritando
1085 los echen de algún jogón
pa que no estén estorbando.

Y al verse ansina espantaos
como se espanta a los perros,
irán los hijos de Fierro,
1090 con la cola entre las piernas,
a buscar almas más tiernas
o esconderse en algún cerro.

Mas también en este juego
voy a pedir mi bolada;
1095 a naides le debo nada
ni pido cuartel ni doy,
y ninguno dende hoy
ha de llevarme en la armada.

Yo be sido manso, primero,
1100 y seré gaucho matrero
en mi triste circustancia,
aunque es mi mal tan projundo
nací y me he criao en estancia,
pero ya conozco el mundo.

1105 Ya le conozco sus mañas,
le conozco sus cucañas,
sé cómo hacen la partida,
la enriedan y la manejan:
desaceré la madeja
1110 aunque me cueste la vida.

Y aguante el que no se anime
a meterse en tanto engorro,
o si no aprétesé el gorro
o para otra tierra emigre;
1115 pero yo ando como el tigre
que le roban los cachorros.

Aunque muchos cren que el gaucho
tiene un alma de reyuno,
no se encontrará ninguno
1120 que no lo dueblen las penas
mas no debe aflojar uno
mientras hay sangre en las venas.

VII

De carta de más me vía
sin saber adónde dirme;
1125 mas dijieron que era vago
y entraron a perseguirme.

Nunca se achican los males,
van poco a poco creciendo
y ansina me vide pronto
1130 obligao a andar juyendo.

No tenía mujer ni rancho,
y, a más, era resertor;
no tenía una prenda güena
ni un peso en el tirador.

1135  A mis hijos infelices
      pensé volverlos a hallar
      y andaba de un lao al otro
      sin tener ni qué pitar.

      Supe una vez por desgracia
1140  que había un baile por allí,
      y medio desesperao
      a ver la milonga fuí.

      Riunidos al pericón
      tantos amigos hallé,
1145  que alegre de verme entre ellos
      esa noche me apedé.

      Como nunca, en la ocasión
      por peliar me dio la tranca,
      y la emprendí con un negro
1150  que trujo una negra en ancas.

      Al ver llegar la morena
      que no hacía caso de naides,
      le dije con la mamúa:
      "Va... ca... yendo gente al baile."

1155  La negra entendió la cosa
      y no tardó en contestarme,
      mirándomé como a perro:
      "Más *vaca* será su madre."

      Y dentró al baile muy tiesa
1160  con más cola que una zorra
      haciendo blanquiar los dientes
      lo mesmo que mazamorra.

      —"Negra linda"... dije yo,
      "me gusta... pa la carona";
1165  y me puse a talariar
      esta coplita fregona:

"A los blancos hizo Dios,
a los mulatos San Pedro,
a los negros hizo el diablo
1170    para tizón del infierno."

Había estao juntando rabia
el moreno dende ajuera;
en lo escuro le brillaban
los ojos como linterna.

1175    Lo conocí retobao,
me acerqué y le dije presto:
"Por... rudo... que un hombre sea
nunca se enoja por esto."

Corcovió el de los tamangos
1180    y creyéndosé muy fijo:
—"Más *porrudo* serás vos,
gaucho rotoso", me dijo.

Y ya se me vino al humo
como a buscarme la hebra,
1185    y un golpe le acomodé
con el porrón de giñebra.

Áhi no más pegó el de hollín
más gruñidos que un chanchito,
y pelando el envenao
1190    me atropelló dando gritos.

Pegué un brinco y abrí cancha
diciéndolés: —"Caballeros,
dejen venir ese toro;
solo nací... solo muero."

1195    El negro después del golpe
se había el poncho refalao
y dijo: —"Vas a saber
si es solo o acompañao."

Y mientras se arremangó
1200 yo me saqué las espuelas,
pues malicié que aquel tío
no era de arriar con las riendas.

No hay cosa como el peligro
pa refrescar un mamao;
1205 hasta la vista se aclara
por mucho que haiga chupao.

El negro me atropelló
como a quererme comer;
me hizo dos tiros seguidos
1210 y los dos le abarajé.

Yo tenía un facón con S
que era de lima de acero;
le hice un tiro, lo quitó
y vino ciego el moreno.

1215 Y en el medio de las aspas
un planaso le asenté
que le largué culebriando
lo mesmo que buscapié.

Le coloriaron las motas
1220 con la sangre de la herida,
y volvió a venir furioso
como una tigra parida.

Y ya me hizo relumbrar
por los ojos el cuchillo,
1225 alcansando con la punta
a cortarme en un carrillo.

Me hirvió la sangre en las venas
y me le afirmé al moreno,
dándolé de punta y hacha
1230 pa dejar un diablo menos

Por fin en una topada
en el cuchillo lo alcé,
y como un saco de güesos
contra el cerco lo largué.

1235 Tiró unas cuantas patadas
y ya cantó pa el carnero.
Nunca me puedo olvidar
de la agonía de aquel negro.

En esto la negra vino
1240 con los ojos como ají,
y empesó la pobre allí
a bramar como una loba.

Yo quise darle una soba
a ver si la hacía callar;
1245 mas pude reflesionar
que era malo en aquel punto,
y por respeto al dijunto
no la quise castigar.

Limpié el facón en los pastos,
1250 desaté mi redomón,
monté despacio y salí
al tranco pa el cañadón.

Después supe que al finao
ni siquiera lo velaron,
1255 y retobao en un cuero
sin resarle lo enterraron.

Y dicen que donde entonces
cuando es la noche serena
suele verse una luz mala
1260 como de alma que anda en pena.

Yo tengo intención a veces,
para que no pene tanto,
de sacar de allí los güesos
y echarlos al camposanto.

## VIII

1265 Otra vez en un boliche
estaba haciendo la tarde;
cayó un gaucho que hacía alarde
de guapo y de peliador;
a la llegada metió
1270 el pingo hasta la ramada,
y yo sin decirle nada
me quedé en el mostrador.

Era un terne de aquel pago
que naides lo reprendía,
1275 que sus enriedos tenía
con el señor comendante;
y como era protegido,
andaba muy entonao
y a cualquiera desgraciao
1280 lo llevaba por delante.

¡Ah pobre, si él mismo creiba
que la vida le sobraba!
Ninguno diría que andaba
aguaitándoló la muerte;
1285 Pero ansí pasa en el mundo,
es ansí la triste vida:
pa todos está escondida
la güena o la mala suerte.

Se tiró al suelo; al dentrar
1290 le dió un empeyón a un vasco
y me alargó un medio frasco
diciendo: "Beba, cuñao."
"Por su hermana", contesté,
"que por la mía no hay cuidao."

1295 "¡Ah. gaucho!", me respondió.
"¿De qué pago será criollo?
Lo andará buscando el hoyo,
deberá tener güen cuero;
pero ande bala este toro
1300 no bala ningún ternero."

Y ya salimos trensaos,
porque el hombre no era lerdo;
mas como el tino no pierdo
y soy medio ligerón,
1305 lo dejé mostrando el sebo
de un revés con el facón.

Y como con la justicia
no andaba bien por allí,
cuanto pataliar lo vi,
1310 y el pulpero pegó el grito,
ya pa el palenque salí
como haciéndomé el chiquito.

Monté y me encomendé a Dios,
rumbiando para otro pago;
1315 que el gaucho que llaman vago
no puede tener querencia,
y ansí de estrago en estrago
vive yorando la ausencia.

Él anda siempre juyendo,
1320 siempre pobre y perseguido;
no tiene cueva ni nido,
como si juera maldito;
porque el ser gaucho... ¡barajo!
el ser gaucho es un delito.

1325 Es como el patrio de posta:
lo larga éste, aquél lo toma,
nunca se acaba la broma;
dende chico se parece
al arbolito que crece
1130 desamparao en la loma.

Le echan la agua del bautismo
aquel que nació en la selva;
"Buscá madre que te envuelva",
le dice el flaire y lo larga,
1335 y dentra a crusar el mundo
como burro con la carga.

Y se cría viviendo al viento
como oveja sin trasquila
mientras su padre en las filas
1340 anda sirviendo al gobierno;
aunque tirite en invierno,
naides lo ampara ni asila.

Le llaman "gaucho mamao"
si lo pillan divertido,
1345 y que es mal entretenido
si en un baile lo sorprienden;
hace mal si se defiende
y si no, se ve... fundido.

No tiene hijos, ni mujer,
1350 ni amigos, ni protetores,
pues todos son sus señores
sin que ninguno lo ampare;
tiene la suerte del güey,
¿y dónde irá el güey que no are?

1355 Su casa es el pajonal,
su guarida es el desierto;
y si de hambre medio muerto
le echa el lazo a algún mamón,
lo persiguen como a pleito,
1360 porque es un "gaucho ladrón".

Y si de un golpe por áhi
lo dan güelta panza arriba,
no hay una alma compasiva
que le rese una oración:
1365 tal vez como cimarrón
en una cueva lo tiran.

54

Él nada gana en la paz
y es el primero en la guerra;
no le perdonan si yerra,
1370 que no saben perdonar,
porque el gaucho en esta tierra
sólo sirve pa votar.

Para él son los calabozos,
para él las duras prisiones;
1375 en su boca no hay razones
aunque la razón le sobre;
que son campanas de palo
las razones de los pobres.

Si uno aguanta, es gaucho bruto;
1380 si no aguanta, es gaucho malo.
¡Déle azote, déle palo,
porque es lo que él necesita!
De todo el que nació gaucho
ésta es la suerte maldita.

1385 Vamos, suerte, vamos juntos
dende que juntos nacimos,
y ya que juntos vivimos
sin podernos dividir,
yo abriré con mi cuchillo
1390 el camino pa seguir.

## IX

Matreriando lo pasaba
y a las casas no venía;
solía arrimarme de día,
mas, lo mesmo que el carancho,
1395  siempre estaba sobre el rancho
espiando a la polecía.

Viva el gaucho que ande mal
como zorro perseguido,
hasta que al menor descuido
1400  se lo atarasquen los perros,
pues nunca le falta un yerro
al hombre más alvertido.

Y en esa hora de la tarde
en que tuito se adormese,
1405  que el mundo dentrar parece
a vivir en pura calma,
con las tristezas de su alma
al pajonal enderiese.

Bala el tierno corderito
1410  al lao de la blanca oveja
y a la vaca que se aleja
llama el ternero amarrao;
pero el gaucho desgraciao
no tiene a quién dar su queja.

1415  Ansí es que al venir la noche
iba a buscar mi guarida,
pues ande el tigre se anida
también el hombre lo pasa,
y no quería que en las casas
1420  me radiara la partida.

Pues aun cuando vengan ellos
cumpliendo con sus deberes,
yo tengo otros pareceres,
y en esa conduta vivo:
1425 que no debe un gaucho altivo
peliar entre las mujeres.

Y al campo me iba solito,
más matrero que el venao,
como perro abandonao;
1430 a buscar una tapera,
o en alguna viscachera
pasar la noche tirao.

Sin punto ni rumbo fijo
en aquella inmensidá,
1435 entre tanta escuridá
anda el gaucho como duende;
allí jamás lo sorpriende,
dormido, la autoridá.

Su esperanza es el coraje,
1440 su guardia es la precaución,
su pingo es la salvasión,
y pasa uno en su desvelo
sin más amparo que el cielo
ni otro amigo que el facón.
................................................

1445 Ansí me hallaba una noche
contemplando las estrellas,
que le parecen más bellas
cuanto uno es más desgraciao
y que Dios las haiga criao
1450 para consolarse en ellas.

Les tiene el hombre cariño,
y siempre con alegría
ve salir las Tres Marías,
que, si llueve, cuanto escampa
1455 las estrellas son la guía
que el gaucho tiene en la pampa.

Aquí no valen dotores:
sólo vale la esperencia;
aquí verían su inocencia
1460 esos que todo lo saben,
porque esto tiene otra llave
y el gaucho tiene su cencia.

Es triste en medio del campo
pasarse noches enteras
1465 contemplando en sus carreras
las estrellas que Dios cría,
sin tener más compañía
que su soledad y las fieras.

Me encontraba, como digo,
1470 en aquella soledá,
entre tanta escuridá,
echando al viento mis quejas,
cuando el grito del chajá
me hizo parar las orejas.

1475 Como lumbriz me pegué
al suelo para escuchar;
pronto sentí retumbar
las pisadas de los fletes,
y que eran muchos jinetes
1480 conocí sin vasilar.

Cuando el hombre está en peligro
no debe tener confianza;
ansí, tendido de panza,
puse toda mi atención,
1485 y ya escuché sin tardanza
como el ruido de un latón.

Se venían tan calladitos
que yo me puse en cuidao;
tal vez me hubieran bombiao
1490 y me venían a buscar;
mas no quise disparar,
que eso es de gaucho morao.

Al punto me santigüé
y eché de giñebra un taco
1495 lo mesmito que el mataco
me arroyé con el porrón:
"Si han de darme pa tabaco,
dije, esta es güena ocasión."

Me refalé las espuelas,
1500 para no peliar con grillos;
me arremangué el calzoncillo
y me ajusté bien la faja,
y en una mata de paja
probé el filo del cuchillo.

1505 Para tenerlo a la mano
el flete en el pasto até,
la cincha le acomodé,
y en un trance como aquél,
haciendo espaldas en él
1510 quietito los aguardé.

Cuanto cerca los sentí,
y que áhi no más se pararon,
los pelos se me erizaron,
y aunque nada vían mis ojos,
1515 "No se han de morir de antojo"
les dije, cuanto llegaron.

Yo quise hacerles saber
que allí se hallaba un varón;
les conocí la intención
1520 y solamente por eso
es que les gané el tirón,
sin aguardar voz de preso.

"—Vos sos un gaucho matrero",
dijo uno, haciéndose el güeno.
1525 "Vos mataste un moreno
y otro en una pulpería,

59

y aquí está la polecía
que viene a justar tus cuentas;
te va a alzar por las cuarenta
1530 si te resistís hoy día."


"—No me vengan, contesté,
con relación de dijuntos:
esos son otros asuntos;
vean si me pueden llevar,
1535 que yo no me he de entregar
aunque vengan todos juntos."


Pero no aguardaron más
y se apiaron en montón;
como a perro cimarrón
1540 me rodiaron entre tantos;
yo me cncomendé a los santos
y eché mano a mi facón.


Y ya vide el fogonazo
de un tiro de garabina,
1545 mas quiso la suerte indina
de aquel maula, que me errase
y áhi no más lo levantase
lo mesmo que una sardina.


A otro que estaba apurao
1550 acomodando una bola
le hice una dentrada sola
y le hice sentir el fierro,
y ya salió como el perro
cuando le pisan la cola.


1555 Era tanta la aflición
y la angurria que tenían,
que tuitos se me venían
donde yo los esperaba:
uno al otro se estorbaba
1560 y con las ganas no vían.

Dos de ellos, que traiban sables,
más garifos y resueltos,
en las hilachas envueltos
enfrente se me pararon,
1565  y a un tiempo me atropellaron
lo mesmo que perros sueltos.

Me fuí reculando en falso
y el poncho adelante eché,
y en cuanto le puso el pie
1570  uno medio chapetón,
de pronto le di el tirón
y de espaldas lo largué.

Al verse sin compañero
el otro se sofrenó;
1575  entonces le dentré yo,
sin dejarlo resollar,
pero ya empezó a aflojar
y a la pun... ta disparó.

Uno que en una tacuara
1580  había atao una tijera,
se vino como si fuera
palenque de atar terneros,
pero en dos tiros certeros
salió aullando campo ajuera.

1585  Por suerte en aquel momento
venía coloriando el alba
y yo dije: "Si me salva
la Virgen en este apuro,
en adelante le juro
1590  ser más güeno que una malva."

Pegué un brinco y entre todos
sin miedo me entreveré;
hecho ovillo me quedé
y ya me cargó una yunta,
1595  y por el suelo la punta
de mi facón les jugué.

El más engolosinao
se me opió con un hachazo;
se lo quité con el brazo,
de no, me mata los piojos;
y antes de que diera un paso
le eché tierra en los dos ojos.

Y mientras se sacudía
refregándose la vista,
yo me le fuí como lista
y áhi no más me le afirmé
diciéndolé: "Dios te asista",
y de un revés lo voltié.

Pero en ese punto mesmo
sentí que por las costillas
un sable me hacía cosquillas
y la sangre se me heló.
Desde ese momento yo
me salí de mis casillas.

Di para atrás unos pasos
hasta que pude hacer pie,
por delante me lo eché
de punta y tajos a un criollo;
metió la pata en un oyo
y yo al oyo lo mandé.

Tal vez en el corazón
lo tocó un santo bendito
a un gaucho, que pegó el grito
y dijo: "¡Cruz no consiente
que se cometa el delito
de matar ansí un valiente!"

Y áhi no más se me aparió,
dentrándolé a la partida;
yo les hice otra embestida
pues entre dos era robo;
y el Cruz era como lobo
que defiende su guarida.

1600

1605

1610

1615

1620

1625

1630

Uno despachó al infierno
de dos que lo atropellaron,
1635 los demás remoliniaron,
pues íbamos a la fija,
y a poco andar dispararon
lo mesmo que sabandija.

Áhi quedaban largo a largo
1640 los que estiraron la jeta,
otro iba como maleta,
y Cruz, de atrás, les decía:
"Que venga otra polecía
a llevarlos en carreta."

1645 Yo junté las osamentas,
me hinqué y les recé un bendito;
hice una cruz de un palito
y pedí a mi Dios clemente
me perdonara el delito
1650 de haber muerto tanta gente.

Dejamos amontonaos
a los pobres que murieron;
no sé si los recogieron,
porque nos fimos a un rancho,
1655 o si tal vez los caranchos
áhi no más se los comieron.

Lo agarramos mano a mano
entre los dos al porrón;
en semejante ocasión
1660 un trago a cualquiera encanta,
y Cruz no era remolón
ni pijotiaba garganta.

Calentamos los gargueros
y nos largamos muy tiesos,
1665 siguiendo siempre los besos
al pichel y, por más señas,
íbamos como sigüeñas
estirando los pescuesos.

63

"—Yo me voy —le dije—, amigo,
1670 donde la suerte me lleve,
y si es que alguno se atreve
a ponerse en mi camino,
yo seguiré mi destino,
que el hombre hace lo que debe.

1675 "Soy un gaucho desgraciado,
no tengo dónde ampararme,
ni un palo donde rascarme,
ni un árbol que me cubije;
pero ni aun esto me aflige,
1680 porque yo sé manejarme.

"Antes de cáir al servicio,
tenía familia y hacienda,
cuando volví, ni la prenda
me la habían dejao ya:
1685 Dios sabe en lo que vendrá
a parar esta contienda."

# X

## Cruz

Amigazo, pa sufrir
han nacido los varones;
éstas son las ocasiones
1690 de mostrarse un hombre juerte,
hasta que venga la muerte
y lo agarre a coscorrones.

El andar tan despilchao
ningún mérito me quita.
1695 Sin ser una alma bendita

me duelo del mal ajeno:
soy un pastel con relleno
que parece torta frita.


Tampoco me faltan males
1700 y desgracias, le prevengo;
también mis desdichas tengo,
aunque esto poco me aflige:
yo sé hacerme el chancho rengo
cuando la cosa lo esige


1705 Y con algunos ardiles
voy viviendo, aunque rotoso;
a veces me hago el sarnoso
y no tengo ni un granito,
pero al chifle voy ganoso
1710 como panzón al máiz frito.


A mí no me matan penas
mientras tenga el cuero sano,
venga el sol en el verano
y la escarcha en el invierno.
1715 Si este mundo es un infierno
¿por qué afligirse el cristiano?


Hagámoslé cara fiera
a los males, compañero,
porque el zorro más matrero
1720 suele cáir como un chorlito:
viene por un corderito
y en la estaca deja el cuero.


Hoy tenemos que sufrir
males que no tienen nombre,
1725 pero esto a naides lo asombre
porque ansina es el pastel,
y tiene que dar el hombre
más vueltas que un carretel.

Yo nunca me he de entregar
1730 a los brazos de la muerte;
arrastro mi triste suerte
paso a paso y como pueda,
que dónde el débil se queda
se suele escapar el juerte.

1735 Y ricuerde cada cual
lo que cada cual sufrió,
que lo que es, amigo, yo.
hago ansí la cuenta mía:
ya lo pasado pasó,
1740 mañana será otro día.

Yo también tuve una pilcha
que me enllenó el corazón,
y si en aquella ocasión
alguien me hubiera buscao,
1745 siguro que me habría hallao
más prendido que un botón.

En la güella del querer
no hay animal que se pierda;
las mujeres no son lerdas
1750 y todo gaucho es dotor
si pa cantarle al amor
tiene que templar las cuerdas,

¡Quién es de una alma tan dura
que no quiera una mujer!
1755 Lo alivia en su padecer:
si no sale calavera
es la mejor compañera
que el hombre puede tener.

Si es güena, no lo abandona
1760 cuando lo ve desgraciao,
lo asiste con su cuidao
y con afán cariñoso,
y usté tal vez ni un rebozo
ni una pollera le ha dao.

1765 Grandemente lo pasaba
con aquella prenda mía
viviendo con alegría
como la mosca en la miel.
¡Amigo, qué tiempo aquél!
1770 ¡La pucha que la quería!

Era la águila que a un árbol
dende las nubes bajó,
era más linda que el alba
cuando va rayando el sol,
1775 era la flor deliciosa
que entre el trebolar creció.

Pero, amigo, el comendante
que mandaba la milicia,
como que no desperdicia
1780 se fué refalando a casa:
yo le conocí en la traza
que el hombre traiba malicia.

Él me daba voz de amigo,
pero no le tenía fe.
1785 Era el jefe y, ya se ve,
no podía competir yo;
en mi rancho se pegó
lo mesmo que saguaipé.

A poco andar conocí
1790 que ya me había desbancao,
y él siempre muy entonao,
aunque sin darme ni un cobre,
me tenía de lao a lao
como encomienda de pobre.

1795 A cada rato, de chasque
me hada dir a gran distanda;
ya me mandaba a una estancia,
ya al pueblo, ya a la frontera;
pero él en la comendancia
1800 no ponía los pies siquiera.

Es triste a no poder más
el hombre en su padecer,
si no tiene una mujer
que lo ampare y lo consuele:
1805    mas pa que otro se la pele
lo mejor es no tener.

No me gusta que otro gallo
le cacaree a mi gallina.
Yo andaba ya con la espina,
1810    hasta que en una ocasión
lo sorprendí en el jogón
abrazándomé a la china.

Tenía el viejito una cara
de ternero mal lamido,
1815    y al verlo tan atrevido
le dije: "Que le aproveche;
que había sido pa el amor
como guacho pa la leche."

Peló la espada y se vino
1820    como a quererme ensartar,
pero yo sin tutubiar
le volví al punto a decir:
"—Cuidao no te vas a pér...tigo,
poné cuarta pa salir."

1825    Un puntaso me largó,
pero el cuerpo le saqué,
y en cuanto se lo quité,
para no matar un viejo,
con cuidao, medio de lejo,
1830    un planaso le asenté.

Y como nunca al que manda
le falta algún adulón,
uno que en esa ocasión
se encontraba allí presente
1835    vino apretando los dientes
como perrito mamón.

Me hizo un tire de revuélver
que el hombre creyó siguro,
era confiao y le juro
1840  que cerquita se arrimaba,
pero siempre en un apuro
se desentumen mis tabas.

Él me siguió menudiando
mas sin poderme acertar,
1845  y yo, déle culebriar,
hasta que al fin le dentré
y áhi no más lo despaché
sin dejarlo resollar.

Dentré a comprar en seguida
1850  al viejito enamorao.
El pobre se había ganao
en un noque de lejía,
¡Quién sabe cómo estaría
del susto que había llevao!

1855  ¡Es sonso el cristiano macho
cuando el amor lo domina!
Él la miraba a la indina,
y una cosa tan jedionda
sentí yo, que ni en la fonda
1860  he visto tal jedentina.

Y le dije: "—Pa su agüela
han de ser ellas perdices."
Yo me tapé las narices,
y me salí estornudando,
1865  y el viejo quedó olfatiando
como chico con lumbrices.

Cuando la mula recula,
señal que quiere cosiar;
ansí se suele portar
1870  aunque ella lo disimula:
recula como la mula
la mujer, para olvidar.

Alcé mi poncho y mis prendas
y me largué a padecer
1875    por culpa de una mujer
que quiso engañar a dos.
Al rancho le dije adiós,
para nunca más volver.

Las mujeres dende entonces
1880    conocí a todas en una.
Ya no he de probar fortuna
con carta tan conocida:
mujer y perra parida,
no se me acerca ninguna.

1885    A otros les brotan las coplas
como agua de manantial;
pues a mí me pasa igual,
aunque las mías nada valen:
de la boca se me salen
1890    como ovejas del corral.

Que en puertiando la primera,
ya la siguen las demás,
y en montones las de atrás
contra los palos se estrellan,
1895    y saltan y se atropellan,
sin que se corten jamás.

Y aunque yo por mi inorancia
con gran trabajo me esplico,
cuando llego a abrir el pico
1900    téngaló por cosa cierta:
sale un verso y en la puerta
ya asoma el otro el hocico.

Y empréstemé su atención,
me oirá relatar las penas
1905 de que traigo la alma llena,
porque en toda circustancia
paga el gaucho su inorancia
con la sangre de las venas.

Después de aquella desgracia
1910 me guarecí en los pajales,
anduve entre los cardales
como bicho sin guarida;
pero, amigo, es esa vida
como vida de animales.

1915 Y son tantas las miserias
en que me he sabido ver,
que con tanto padecer
y sufrir tanta aflición
malicio que he de tener
1920 un callo en el corazón.

Ansí andaba como guacho
cuando pasa el temporal.
Supe una vez, pa mi mal,
de una milonga que había,
1925 y ya pa la pulpería
enderecé mi bagual.

Era la casa del baile
un rancho de mala muerte
y se enllenó de tal suerte
1930 que andábamos a empujones:
nunca faltan encontrones
cuando el pobre se divierte.

Yo tenía unas medias botas
con tamaños verdugones;
1935 me pusieron los talones
con crestas como los gallos;
¡si viera mis afliciones
pensando yo que eran callos!

Con gato y con fandanguillo
1940 había empezao el changango
y para ver el fandango
me colé haciéndomé bola;
mas metió el diablo la cola
y todo se volvió pango.

1945 Había sido el guitarrero
un gaucho duro de boca.
Yo tengo pacencia poca
pa aguantar cuando no debo:
a ninguno me le atrevo
1950 pero me halla el que me toca.

A bailar un pericón
con una moza salí,
y cuanto me vido allí
sin duda me conoció
1955 y estas coplitas cantó
como por ráirse de mí:

"Las mujeres son todas
como las mulas;
yo no digo que todas,
1960 pero hay algunas
que a las aves que vuelan
les sacan plumas."

"Hay gauchos que presumen
de tener damas;
1965 no digo que presumen,
pero se alaban,
y a lo mejor los dejan
tocando tablas."

Se secretiaron las hembras
1970 y yo ya me encocoré;
volié la anca y le grité:
"Dejá de cantar... chicharra."
Y de un tajo a la guitarra
tuitas las cuerdas corté.

1975 Al grito salió de adentro
un gringo con un jusil;
pero nunca he sido vil,
poco el peligro me espanta:
ya me refalé la manta
1980 y la eché sobre el candil.

Gané en seguida la puerta
gritando: "Naides me ataje":
y alborotao el hembraje
lo que todo quedó escuro,
1985 empezó a verse en apuro
mesturao con el gauchaje.

El primero que salió
fué el cantor y se me vino,
pero yo no pierdo el tino
1990 aunque haiga tomao un trago,
y hay algunos por mi pago
que me tienen por ladino.

No ha de haber achocao otro;
le salió cara la broma;
1995 a su amigo cuando toma
se le despeja el sentido,
y el pobrecito había sido
como carne de paloma.

Para prestar sus socorros
2000 las mujeres no son lerdas:
antes que la sangre pierda
lo arrimaron a unas pipas.
Áhi lo dejé con las tripas
como pa que hiciera cuerdas.

2005 Monté y me largué a los campos
más libre que el pensamiento,
como las nubes al viento,
a vivir sin paradero;
que no tiene el que es matrero
2010 nido, ni rancho, ni asiento.

No hay fuerza contra el destino
que le ha señalao el cielo
y aunque no tenga consuelo
aguante el que está en trabajo:
2015 ¡naides se rasca pa abajo
ni se lonjea contra el pelo!

Con el gaucho desgraciao
no hay uno que no se entone;
la mesma falta lo espone
2020 a andar con los avestruces:
faltan otros con más luces
y siempre hay quien los perdone.

**XII**

Yo no sé qué tantos meses
esta vida me duró;
2025 a veces nos obligó
la miseria a comer potro:
me había acompañao con otros
tan desgraciaos como yo.

Mas ¿para qué platicar
2030 sobre esos males, canejo?
Nace el gaucho y se hace viejo
sin que mejore su suerte,
hasta que por áhi la muerte
sale a cobrarle el pellejo.

2035 Pero como no hay desgracia
que no acabe alguna vez,
me aconteció que después
de sufrir tanto rigor
un amigo por favor
2040 me compuso con el juez.

Le alvertiré que en mi pago
ya no va quedando un criollo:
se los ha tragao el oyo,
o juido o muerto en la guerra,
2045 porque, amigo, en esta tierra
nunca se acaba el embrollo.

Colijo que jué para eso
que me llamó el juez un día
y me dijo que quería
2050 hacerme a su lao venir,
pa que dentrase a servir
de soldao de polecía.

Y me largó una ploclama
tratándomé de valiente,
2055 que yo era un hombre decente,
y que dende aquel momento
me nombraba de sargento
pa que mandara la gente.

Ansí estuve en la partida
2060 pero ¡qué había de mandar!
Anoche al irlo a tomar
vide güena coyontura,
y a mí no me gusta andar
con la lata a la cintura.

2065 Ya conoce, pues, quién soy;
tenga confianza conmigo;
Cruz le dio mano de amigo
y no lo ha de abandonar.
Juntos podemos buscar
2070 pa los dos un mesmo abrigo.

Andaremos de matreros
si es preciso pa salvar;
nunca nos ha de faltar
ni un güen pingo para juir,
2075 ni un pajal ande dormir,
ni un matambre que ensartar.

75

Y cuando sin trapo alguno
nos haiga el tiempo dejao
yo le pediré emprestao
2080 el cuero a cualquiera lobo
y hago un poncho, si lo sobo,
mejor que poncho engomao.

Para mí la cola es pecho
y el espinaso es cadera;
2085 hago mi nido ande quiera
y de lo que encuentre como;
me echo tierra sobre el lomo
y me apeo en cualquier tranquera.

Y dejo rodar la bola
2090 que algún día se ha'e parar;
tiene el gaucho que aguantar
hasta que lo trague el oyo
o hasta que venga algún criollo
en esta tierra a mandar.

2095 Lo miran al pobre gaucho
como carne de cogote:
lo tratan al estricote,
y ansí las cosas andan
porque quieren los que mandan
2100 aguantemos los azotes.

¡Pucha, si usté los oyera
como yo en una ocasión
tuita la conversación
que con otro tuvo el juez!
2105 Le asiguro que esa vez
se me achicó el corazón.

Hablaban de hacerse ricos
con campos en la frontera;
de sacarla más ajuera
2110 donde había campos baldidos
y llevar de los partidos
gente que la defendiera.

Todo se güelven proyetos
de colonias y carriles
2115 y tirar la plata a miles
en los gringos enganchaos,
mientras al pobre soldao
la pelan la chaucha ¡ah, viles!

Pero si siguen las cosas
2120 como van hasta el presente
puede ser que redepente
véamos el campo disierto,
y blanquiando solamente
los güesos de los que han muerto.

2125 Hace mucho que sufrimos
la suerte reculativa:
trabaja el gaucho y no arriba.
pues a lo mejor del caso
lo levantan de un sogaso
2130 sin dejarle ni saliva.

De los males que sufrimos
hablan mucho los puebleros,
pero hacen como los teros
para esconder sus niditos:
2135 en un lao pegan los gritos
y en otro tienen los güevos.

Y se hacen los que no aciertan
a dar con la coyontura;
mientras al gaucho lo apura
2140 con rigor la autoridá,
ellos a la enfermedá
le están errando la cura.

# XIII

## Martín Fierro

Ya veo que somos los dos
astillas del mesmo palo:
2145 yo paso por gaucho malo
y usté anda del mesmo modo,
y yo, pa acabarlo todo,
a los indios me refalo.

Pido perdón a mi Dios,
2150 que tantos bienes me hizo;
pero dende que es preciso
que viva entre los infieles,
yo seré cruel con los crueles:
ansí mi suerte lo quiso.

2155 Dios formó lindas las flores,
delicadas como son,
les dio toda perfeción
y cuanto él era capaz,
pero al hombre le dió más
2160 cuando le dio el corazón.

Le dió claridá a la luz,
juerza en su carrera al viento,
le dió vida y movimiento
dende la águila al gusano,
2165 pero más le dió al cristiano
al darle el entendimiento.

Y aunque a las aves les dió,
con otras cosas que inoro,
esos piquitos como oro

2170 y un plumaje como tabla,
le dió al hombre más tesoro
al darle una lengua que habla.

Y dende que dió a las fieras
esa juria tan inmensa,
2175 que no hay poder que las vensa
ni nada que las asombre
¿qué menos le daría al hombre
que el valor pa su defensa?

Pero tantos bienes juntos
2180 al darle, malicio yo
que en sus adentros pensó
que el hombre los precisaba,
que los bienes igualaban
con las penas que le dió.

2185 Y yo empujao por las mías
quiero salir de este infierno;
ya no soy pichón muy tierno
y sé manejar la lanza
y hasta los indios no alcanza
2190 la facultá del gobierno.

Yo sé que allá los caciques
amparan a los cristianos,
y que los tratan de "hermanos"
cuando se van por su gusto.
2195 ¿A qué andar pasando sustos?
Alcemos el poncho y vamos.

En la cruzada hay peligros
pero ni aun esto me aterra;
yo ruedo sobre la tierra
2200 arrastrao por mi destino
y si erramos el camino...
no es el primero que lo erra.

Si hemos de salvar o no
de esto naides nos responde.
2205 Derecho ande el sol se esconde
tierra adentro hay que tirar;
algún día hemos de llegar...
despúes sabremos adónde.

No hemos de perder el rumbo,
2210 los dos somos güena yunta;
el que es gaucho va ande apunta,
aunque inore ande se encuentra;
pa el lao en que el sol se dentra
dueblan los pastos las puntas.

2215 De hambre no pereceremos,
pues según otros me han dicho
en los campos se hallan bichos
de los que uno necesita...
gamas, matacos, mulitas,
2220 avestruces y quirquinchos.

Cuando se anda en el disierto
se come uno hasta las colas;
lo han cruzao mujeres solas
llegando al fin con salú,
2225 y ha de ser gaucho el ñandú
que se escape de mis bolas.

Tampoco a la sé le temo,
yo la aguanto muy contento,
busco agua olfatiando al viento,
2230 y dende que no soy manco
ande hay duraznillo blanco
cabo y la saco al momento.

Allá habrá siguridá
ya que aquí no la tenemos,
2235 menos males pasaremos
y ha de haber grande alegría
el día que nos descolguemos
en alguna toldería.

Fabricaremos un toldo,
2240 como lo hacen tantos otros,
con unos cueros de potro,
que sea sala y sea cocina.
¡Tal vez no falte una china
que se apiade de nosotros!

2245 Allá no hay que trabajar,
vive uno como un señor;
de cuando en cuando un malón,
y si de él sale con vida
lo pasa echao panza arriba
2250 mirando dar güelta el sol.

Y ya que a juerza de golpes
la suerte nos dejó aflús,
puede que allá véamos luz
y se acaben nuestras penas.
2255 Todas las tierras son güenas:
vámosnós, amigo Cruz.

El que maneja las bolas,
el que sabe echar un pial,
o sentarse en un bagual
2260 sin miedo de que lo baje,
entre los mesmos salvajes
no puede pasarlo mal.

El amor como la guerra
lo hace el criollo con canciones;
2265 a mas de eso, en los malones
podemos aviarnos de algo;
en fin, amigo, yo salgo
de estas pelegrinaciones.

En este punto el cantor
2270 buscó un porrón pa consuelo,
echó un trago como un cielo,
dando fin a su argumento,
y de un golpe al istrumento
lo hizo astilla contra el suelo.

81

2275 "Ruempo —dijo—, la guitarra,
pa no volverla a templar.
Ninguno la ha de tocar,
por siguro ténganló;
pues naides ha de cantar
2280 cuando este gaucho cantó."

Y daré fin a mis coplas
con aire de relación;
nunca falta un preguntón
más curioso que mujer,
2285 y tal vez quiera saber
cómo fue la conclusión.

Cruz y Fierro, de una estancia
una tropilla se arriaron;
por delante se la echaron
2290 como criollos entendidos
y pronto, sin ser sentidos,
por la frontera cruzaron.

Y cuando la habían pasao,
una madrugada clara,
2295 le dijo Cruz que mirara
las últimas poblaciones;
y a Fierro dos lagrimones
le rodaron por la cara.

Y siguiendo el fiel del rumbo
2300 se entraron en el desierto.
No sé si los habrán muerto
en alguna correría,
pero espero que algún día
sabré de ellos algo cierto.

2305 Y ya con estas noticias
mi relación acabé;
por ser ciertas las conté,
todas las desgracias dichas:
es un telar de desdichas
2310 cada gaucho que usté ve.

Pero ponga su esperanza
en el Dios que lo formó;
y aquí me despido yo,
que referí ansí a mi modo
2315   MALES QUE CONOCEN TODOS
PERO QUE NAIDES CONTÓ.

# La vuelta de Martín Fierro

## I

## Martín Fierro

1   Atención pido al silencio
    y silencio a la atención,
    que voy en esta ocasión,
    si me ayuda la memoria,
5   a mostrarles que a mi historia
    le faltaba lo mejor.

    Viene uno como dormido
    cuando vuelve del desierto;
    veré si a esplicarme acierto
10  entre gente tan bizarra,
    y si al sentir la guitarra
    de mi sueño me dispierto.

    Siento que mi pecho tiembla,
    que se turba mi razón,
15  y de la vigüela al son
    imploro a la alma de un sabio,
    que venga a mover mi labio
    y alentar mi corazón.

    Si no llego a treinta y una,
20  de fijo en treinta me planto,
    y esta confianza adelanto
    porque recebí en mí mismo,
    con el agua del bautismo
    la facultá para el canto.

25  Tanto el pobre como el rico
    la razón me la han de dar;
    y si llegan a escuchar

lo que esplicaré a mi modo,
digo que no han de réir todos,
30 algunos han de llorar.


Mucho tiene que contar
el que tuvo que sufrir,
y empezaré por pedir
no duden de cuanto digo,
35 pues debe crerse al testigo
si no pagan por mentir.


Gracias le doy a la Virgen,
gracias le doy al Señor,
porque entre tanto rigor,
40 y habiendo perdido tanto,
no perdí mi amor al canto
ni mi voz como cantor.


Que cante todo viviente
otorgó el Eterno Padre;
45 cante todo el que le cuadre
como lo hacemos los dos,
pues solo no tiene voz
el ser que no tiene sangre.


Canta el pueblero... y es pueta;
50 canta el gaucho... y ¡ay Jesús!
lo miran como avestruz,
su inorancia los asombra;
mas siempre sirven las sombras
para distinguir la luz.


55 El campo es del inorante;
el pueblo del hombre estruido;
yo que en el campo he nacido,
digo que mis cantos son
para los unos... sonidos,
60 y para otros... intención.

Yo he conocido cantores
que era un gusto el escuchar,
mas no quieren opinar
y se divierten cantando;
65   pero yo canto opinando,
que es mi modo de cantar.

El que va por esta senda
cuanto sabe desembucha,
y aunque mi cencia no es mucha,
70   esto en mi favor previene;
yo sé el corazón que tiene
el que con gusto me escucha.

Lo que pinta este pincel
ni el tiempo lo ha de borrar;
75   ninguno se ha de animar
a corregirme la plana;
no pinta quien tiene gana
sinó quien sabe pintar.

Y no piensen los oyentes
80   que del saber hago alarde;
he conocido, aunque tarde,
sin haberme arrepentido,
que es pecado cometido
el decir ciertas verdades.

85   Pero voy en mi camino
y nada me ladiará,
he de decir la verdá,
de naides soy adulón;
aquí no hay imitación,
90   ésta es pura realidá.

Y el que me quiera enmendar
mucho tiene que saber;
tiene mucho que aprender
el que me sepa escuchar,
95   tiene mucho que rumiar
el que me quiera entender.

Más que yo y cuantos me oigan,
más que las cosas que tratan,
más que lo que ellos relatan,
100 mis cantos han de durar:
mucho ha habido que mascar
para echar esta bravata.

Brotan quejas de mi pecho,
brota un lamento sentido;
105 y es tanto lo que he sufrido
y males de tal tamaño,
que reto a todos los años
a que traigan el olvido.

Ya verán si me dispierto
110 cómo se compone el baile;
y no se sorprenda naides
si mayor fuego me anima;
porque quiero alzar la prima
como pa tocar al aire.

115 Y con la cuerda tirante,
dende que ese tono elija,
yo no he de aflojar manija
mientras que la voz no pierda,
si no se corta la cuerda
120 o no cede la clavija.

Aunque rompí el estrumento
por no volverme a tentar,
tengo tanto que contar
y cosas de tal calibre,
125 que Dios quiera que se libre
el que me enseñó a templar.

De naides sigo el ejemplo,
naide a dirigirme viene,
yo digo cuanto conviene
130 y el que en tal güeya se planta,
debe cantar, cuando canta,
con toda la voz que tiene.

He visto rodar la bola
y no se quiere parar;
135  al fin de tanto rodar
me he decidido a venir
a ver si puedo vivir
y me dejan trabajar.

Sé dirigir la mansera
140  y también echar un pial;
sé correr en un rodeo,
trabajar en un corral;
me sé sentar en un pértigo
lo mesmo que en un bagual.

145  Y empriéstenmé su atención
si ansí me quieren honrar,
de no, tendré que callar,
pues el pájaro cantor
jamás se para a cantar,
150  en árbol que no da flor.

Hay trapitos que golpiar,
y de aquí no me levanto.
Escúchenmé cuando canto
si quieren que desembuche:
155  tengo que decirles tanto
que les mando que me escuchen.

Déjenmé tomar un trago,
estas son otras cuarenta:
mi garganta está sedienta,
160  y de esto no me abochorno,
pues el viejo, como el horno,
por la boca se calienta.

## II

Triste suena mi guitarra
y el asunto lo requiere;
165  ninguno alegrías espere
sinó sentidos lamentos,
de aquel que en duros tormentos
nace, cruce, vive y muere.

Es triste dejar sus pagos
170  y largarse a tierra agena
llevándosé la alma llena
de tormentos y dolores,
mas nos llevan los rigores
tomo el pampero a la arena.

175  ¡Irse a cruzar el desierto
lo mesmo que un forajido,
dejando aquí en el olvido,
como dejamos nosotros,
su mujer en brazos de otro
180  y sus hijitos perdidos!

¡Cuántas veces al cruzar
en esa inmensa llanura,
al verse en tal desventura
y tan lejos de los suyos,
185  se tira uno entre los yuyos
a llorar con amargura!

En la orilla de un arroyo
solitario lo pasaba;
en mil cosas cavilaba
190  y, a una güelta repentina,
se me hacía ver a mi china
o escuchar que me llamaba.

*Llegada de Cruz y Fierro a las tolderías*

Y las aguas serenitas
bebe el pingo, trago a trago,
195  mientras sin ningún halago
pasa uno hasta sin comer
por pensar en su mujer,
en sus hijos y en su pago.

Recordarán que con Cruz
200  para el desierto tiramos;
en la pampa nos entramos,
cayendo por fin del viaje
a unos toldos de salvajes,
los primeros que encontramos.

205  La desgracia nos seguía,
llegamos en mal momento:
estaban en parlamento
tratando de una invasión,
y el indio en tal ocasión
210  recela hasta de su aliento.

Se armó un tremendo alboroto
cuando nos vieron llegar;
no podíamos aplacar
tan peligroso hervidero;
215  nos tomaron por bomberos
y nos quisieron lanciar.

Nos quitaron los caballos
a los muy pocos minutos;
estaban irresolutos,
220  quién sabe qué pretendían;
por los ojos nos metían
las lanzas aquellos brutos.

Y déle en su lengüeteo
hacer gestos y cabriolas;
225  uno desató las bolas
y se nos vino seguida:
ya no créiamos con vida
salvar ni por carambola.

Allá no hay misericordia
230 ni esperanza que tener;
el indio es de parecer
que siempre matar se debe,
pues la sangre que no bebe
le gusta verla correr.

235 Cruz se dispuso a morir
peliando y me convidó;
aguantemos, dije yo,
el fuego hasta que nos queme:
menos los peligros teme
240 quien más veces los venció.

Se debe ser más prudente
cuando el peligro es mayor;
siempre se salva mejor
andando con alvertencia,
245 porque no está la prudencia
reñida con el valor.

Vino al fin el lenguaraz
como á tráirnos el perdón;
nos dijo: "La salvación
250 "se la deben a un cacique,
"me manda que les esplique
"que se trata de un malón.

"Les ha dicho a los demás
"que ustedes queden cautivos
255 "por si cain algunos vivos
"en poder de los cristianos,
"rescatar a sus hermanos
"con estos dos fugitivos."

Volvieron al parlamento
260 a tratar de sus alianzas,
o tal vez de las matanzas;
y conforme les detallo,
hicieron cerco a caballo
recostándosé en las lanzas.

265 Dentra al centro un indio viejo
y allí a lengüetiar se larga;
quién sabe qué les encarga;
pero toda la riunión
lo escuchó con atención
270 lo menos tres horas largas.

Pegó al fin tres alaridos,
y ya principia otra danza;
para mostrar su pujanza
y dar pruebas de jinete
275 dio riendas rayando el flete
y revoliando la lanza.

Recorre luego la fila,
frente a cada indio se para,
lo amenaza cara a cara,
280 y en su juria aquel maldito
acompaña con un grito
el cimbrar de la tacuara.

Se vuelve aquello un incendio
más feo que la mesma guerra;
285 entre una nube de tierra
se hizo allí una mescolanza,
de potros, indios y lanzas,
con alaridos que aterran.

Parece un baile de fieras,
290 sigún yo me lo imagino:
era inmenso el remolino,
las voces aterradoras,
hasta que al fin de dos horas
se aplacó aquel torbellino.

295 De noche formaban cerco
y en el centro nos ponían;
para mostrar que querían
quitarnos toda esperanza,
ocho o diez filas de lanzas
300 al rededor nos hacían.

Allí estaban vigilantes
cuidándonós a porfía;
cuando roncar parecían
"*Huincá*" gritaba cualquiera,
305    y toda la fila entera
"*Huincá*" "*Huincá*" repetía.


Pero el indio es dormilón
y tiene un sueño projundo;
es roncador sin segundo
310    y en tal confianza es su vida,
que ronca a pata tendida
aunque se dé güelta el mundo.


Nos aviriguaban todo,
como aquel que se previene,
315    porque siempre les conviene
saber las juerzas que andan,
dónde están, quiénes las mandan,
qué caballos y armas tienen.


A cada respuesta nuestra
320    uno hace una esclamación,
y luego, en continuación,
aquellos indios feroces,
cientos y cientos de voces
repiten al mesmo son.


325    Y aquella voz de uno solo,
que empieza por un gruñido,
llega hasta ser alarido
de toda la muchedumbre,
y ansí alquieren la costumbre
330    de pegar esos bramidos.

## III

De ese modo nos hallamos
empeñaos en la partida:
no hay que darla por perdida
por dura que sea la suerte,
335 ni que pensar en la muerte
sino en soportar la vida.

Se endurece el corazón,
no teme peligro alguno;
por encontrarlo oportuno
340 allí juramos los dos
respetar tan sólo a Dios:
de Dios abajo, a ninguno.

El mal es árbol que crece
y que cortado retoña;
345 la gente esperta o bisoña
sufre de infinitos modos:
la tierra es madre de todos,
pero también da ponzoña.

Mas todo varón prudente
350 sufre tranquilo sus males;
yo siempre los hallo iguales
en cualquier senda que elijo:
la desgrada tiene hijos
aunque ella no tiene madre.

355 Y al que le toca la herencia,
donde quiera halla su ruina;
lo que la suerte destina
no puede el homhre evitar:
porque el cardo ha de pinchar
360 es que nace con espina.

Es el destino del pobre
un continuo safarrancho,
y pasa como el carancho,
porque el mal nunca se sacia
365 si el viento de la desgracia
vuela las pajas del rancho.

Mas quien manda los pesares
manda también el consuelo;
la luz que baja del cielo
370 alumbra al más encumbrao,
y hasta el pelo más delgao
hace su sombra en el suelo.

Pero por más que uno sufra
un rigor que lo atormente,
375 no debe bajar la frente
nunca, por ningún motivo:
el álamo es más altivo
y gime costantemente.
..............................................

El indio pasa la vida
380 robando o echao de panza;
la única ley es la lanza
a que se ha de someter;
lo que le falta en saber
lo suple con desconfianza.

385 Fuera cosa de engarzarlo
a un indio caritativo;
es duro con el cautivo,
le dan un trato horroroso,
es astuto y receloso,
390 es audaz y vengativo.

No hay que pedirle favor
ni que aguardar tolerancia;
movidos por su inorancia
y de puro desconfiaos,
395 nos pusieron separaos
bajo sutil vigilancia.

No pude tener con Cruz
ninguna conversación;
no nos daban ocasión,
400 nos trataban como agenos:
como dos años lo menos
duró esta separación.

Relatar nuestras penurias
fuera alargar el asunto;
405 les diré sobre este punto
que a los dos años recién
nos hizo el cacique el bien
de dejarnos vivir juntos.

Nos retiramos con Cruz
410 a la orilla de un pajal:
por no pasarlo tan mal
en el desierto infinito,
hicimos como un bendito
con dos cueros de bagual.

415 Fuimos a esconder allí
nuestra pobre situación,
aliviando con la unión
aquel duro cautiverio;
tristes como un cementerio
420 al toque de la oración.

Debe el hombre ser valiente
si a rodar se determina,
primero, cuando camina;
segundo, cuando descansa,
425 pues en aquellas andanzas
perece el que se acoquina.

Cuando es manso el ternerito
en cualquier vaca se priende;
el que es gaucho esto lo entiende
430 y ha de entender si le digo,
que andábamos con mi amigo
como pan que no se vende.

Guarecidos en el toldo
charlábamos mano a mano;
435 éramos dos veteranos
mansos pa las sabandijas,
arrumbaos como cubijas
cuando calienta el verano.

El alimento no abunda
440 por más empeño que se haga;
lo pasa uno como plaga,
ejercitando la industria
y siempre, como la nutria,
viviendo a orillas del agua.

445 En semejante ejercicio
se hace diestro el cazador;
cai el piche engordador,
cai el pájaro que trina:
todo bicho que camina
450 va a parar al asador.

Pues allí a los cuatro vientos
la persecución se lleva;
naide escapa de la leva,
y dende que el alba asoma
455 ya recorre uno la loma,
el bajo, el nido y la cueva.

El que vive de la caza
a cualquier bicho se atreve
que pluma o cáscara lleve,
460 pues cuando la hambre se siente
el hombre le clava el diente
a todo lo que se mueve.

En las sagradas alturas
está el Máestro principal,
465 que enseña a cada animal
a procurarse el sustento
y le brinda el alimento
a todo ser racional.

Y aves, y vichos y pejes,
470 se mantienen de mil modos;
pero el hombre en su acomodo,
es curioso de oservar:
es el que sabe llorar
y es el que los come a todos.

**IV**

475 Antes de aclarar el día
empieza el indio a aturdir
la pampa con su rugir,
y en alguna madrugada,
sin que sintiéramos nada
480 se largaban a invadir.

Primero entierran las prendas
en cuevas, como peludos;
y aquellos indios cerdudos
siempre llenos de recelos,
485 en los caballos en pelos
se vienen medio desnudos.

Para pegar el malón
el mejor flete procuran;
y como es su arma segura,
490 vienen con la lanza sola,
y varios pares de bolas
atados a la cintura.

De ese modo anda liviano,
no fatiga el mancarrón;
495 es su espuela en el malón,
después de bien afilao,
un cuernito de venao
que se amarra en el garrón.

El indio que tiene un pingo
500 que se llega a distinguir,
lo cuida hasta pa dormir;
de ese cuidado es esclavo;
se lo alquila a otro indio bravo
cuando vienen a invadir.

505 Por vigilarlo no come
y ni aun el sueño concilia;
sólo en eso no hay desidia;
de noche, les asiguro,
para tenerlo seguro
510 le hace cerco la familia.

Por eso habrán visto ustedes,
si en el caso se han hallao,
y si no lo han oservao
ténganlo dende hoy presente,
515 que todo pampa valiente
anda siempre bien montao.

Marcha el indio a trote largo,
paso que rinde y que dura;
viene en direción sigura
520 y jamás a su capricho:
no se les escapa vicho
en la noche más escura.

Caminan entre tinieblas
con un cerco bien formao;
525 lo estrechan con gran cuidao
y agarran, al aclarar,
ñanduces, gamas, venaos,
cuanto ha podido dentrar.

Su señal es un humito
530 que se eleva muy arriba,
y no hay quien no lo aperciba
con esa vista que tienen;
de todas partes se vienen
a engrosar la comitiva.

535 Ansina se van juntando,
    basta hacer esas riuniones
    que cain en las invasiones
    en número tan crecido;
    para formarla han salido
540 de los últimos rincones.

    Es guerra cruel la del indio
    porque viene como fiera;
    atropella donde quiera
    y de asolar no se cansa,
545 de su pingo y de su lanza
    toda salvación espera.

    Debe atarse bien la faja
    quien aguardarlo se atreva;
    siempre mala intención lleva,
550 y como tiene alma grande,
    no hay plegaria que lo ablande
    ni dolor que lo conmueva.

    Odia de muerte al cristiano,
    hace guerra sin cuartel;
555 para matar es sin yel,
    es fiero de condición;
    no gólpea la compasión
    en el pecho del infiel.

    Tiene la vista del águila,
560 del león la temeridá;
    en el desierto no habrá
    animal que él no lo entienda,
    ni fiera de que no aprienda
    un istinto de crueldá.

565 Es tenaz en su barbarie,
    no esperen verlo cambiar;
    el deseo de mejorar
    en su rudeza no cabe:
    el bárbaro sólo sabe
570 emborracharse y peliar.

El indio nunca se ríe,
y el pretenderlo es en vano,
ni cuando festeja ufano
el triunfo en sus correrías;
575 la risa en sus alegrías
le pertenece al cristiano.

Se cruzan por el desierto
como un animal feroz;
dan cada alarido atroz
580 que hace erizar los cabellos;
parece que a todos ellos
los ha maldecido Dios.

Todo el peso del trabajo
lo dejan a las mujeres:
585 el indio es indio y no quiere
apiar de su condición;
ha nacido indio ladrón
y como indio ladrón muere.

El que envenenen sus armas
590 les mandan sus hechiceras;
y como ni a Dios veneran,
nada a los pampas contiene;
hasta los nombres que tienen
son de animales y fieras.

595 Y son, ¡por Cristo bendito!
lo más desasiaos del mundo;
esos indios vagabundos,
con repunancia me acuerdo,
viven lo mesmo que el cerdo
600 en esos toldos inmundos.

Naides puede imaginar
una miseria mayor,
su pobreza causa horror;
no sabe aquel indio bruto
605 que la tierra no da fruto
si no la riega el sudor.

## V

Aquel desierto se agita
cuando la invasión regresa;
llevan miles de cabezas
610 de vacuno y yeguarizo:
pa no aflijirse es preciso
tener bastante firmeza.

Aquello es un hervidero
de pampas, un celemín;
615 cuando riunen el botín
juntando toda la hacienda,
es cantidá tan tremenda
que no alcanza a verse el fin.

Vuelven las chinas cargadas
620 con las prendas en montón;
aflije esa destrución;
acomodaos en cargueros
llevan negocios enteros
que han saquiao en la invasión.

625 Su pretensión es robar,
no quedar en el pantano;
viene a tierra de cristianos
como furia del infiemo;
no se llevan al gobiemo
630 porque no lo hallan a mano.

Vuelven locos de contentos
cuando han venido a la fija;
antes que ninguno elija
empiezan con todo empeño,
635 como dijo un santiagueño,
a hacerse *la repartija*.

Se reparten el botín
con igualdá, sin malicia;
no muestra el indio codicia,
640 ninguna falta comete:
sólo en esto se somete
a una regla de justicia.

Y cada cual con lo suyo
a sus toldos enderiesa;
645 luego la matanza empieza
tan sin razón ni motivo,
que no queda animal vivo
de esos miles de cabezas.

Y satifecho el salvaje
650 de que su oficio ha cumplido,
lo pasa por áhi tendido
volviendo a su haraganiar,
y entra la china a cueriar
con un afán desmedido.

655 A veces a tierra adentro
alguna punta se llevan;
pero hay pocos que se atrevan
a hacer esas incursiones,
porque otros indios ladrones
660 les suelen pelar la breva.

Pero pienso que los pampas
deben de ser los más rudos;
aunque andan medio desnudos
ni su convenencia entienden;
665 por una vaca que venden
quinientas matan al ñudo.

Estas cosas y otras piores
las he visto muchos años;
pero, si yo no me engaño,
670 concluyó ese bandalaje
y esos bárbaros salvajes
no podrán hacer más daño.

Las tribus están desechas;
los caciques más altivos
675 están muertos o cautivos,
privaos de toda esperanza,
y de la chusma y de lanza
ya muy pocos quedan vivos.

Son salvajes por completo
680 hasta pa su diversión,
pues hacen una junción
que naides se la imagina;
recién le toca a la china
el hacer su papelón.

685 Cuando el hombre es más salvaje
trata pior a la mujer;
yo no sé que pueda haber
sin ella dicha ni goce:
¡feliz el que la conoce
y logra hacerse querer!

Todo el que entiende la vida
busca a su lao los placeres;
justo es que las considere
el hombre de corazón;
sólo los cobardes son
valientes con sus mujeres.

Pa servir a un desgraciao
pronta la mujer está;
cuando en su camino va
700 no hay peligro que la asuste;
ni hay una a quien no le guste
una obra de caridá.

No se hallará una mujer
a la que esto no le cuadre;
705 yo alabo al Eterno Padre,
no porque las hizo bellas,
sinó porque a todas ellas
les dió corazón de madre.

Es piadosa y diligente
710 y sufrida en los trabajos:
tal vez su valer rebajo
aunque la estimo bastante;
mas los indios inorantes
la tratan al estropajo.

715 Echan la alma trabajando
bajo el más duro rigor;
el marido es su señor;
como tirano la manda
porque el indio no se ablanda
720 ni siquiera en el amor.

No tiene cariño a naides
ni sabe lo que es amar;
¡ni qué se puede esperar
de aquellos pechos de bronce!
725 yo los conocí al llegar
y los calé dende entonces.

Mientras tiene que comer
permanece sosegao;
yo, que en sus toldos he estao
730 y sus costumbres oservo,
digo que es como aquel cuervo
que no volvió del mandao.

Es para él como juguete
escupir un crucifijo;
735 pienso que Dios los maldijo
y ansina el ñudo desato:
el indio, el cerdo y el gato,
reclaman sangre del hijo.

Mas ya con cuentos de pampas
740 no ocuparé su atención;
debo pedirles perdón,
pues sin querer me distraje,
por hablar de los salvajes
me olvidé de la junción.

745    Hacen un cerco de lanzas,
los indios quedan ajuera;
dentra la china ligera
como yeguada en la trilla,
y empieza allí la cuadrilla
750    a dar güeltas en la era.

A un lao están los caciques,
capitanejos y el trompa
tocando con toda pompa
como un toque de fajina;
755    adentro muere la china,
sin que aquel círculo rompa.

Muchas veces se les oyen
a las pobres los quejidos,
mas son lamentos perdidos;
760    al rededor del cercao,
en el suelo, están mamaos
los indios, dando alaridos.

Su canto es una palabra
y de áhi no salen jamás:
765    llevan todas el compás,
*ioká-ioká* repitiendo;
me parece estarlas viendo
más fieras que Satanás.

Al trote dentro del cerco,
770    sudando, hambrientas, juriosas,
desgreñadas y rotosas,
de sol a sol se lo llevan:
bailan, aunque truene o llueva,
cantando la mesma cosa.

## VI

775 El tiempo sigue en su giro
y nosotros solitarios;
de los indios sanguinarios
no teníamos qué esperar;
el que nos salvó al llegar
780 era el más hospitalario.

Mostró noble corazón,
cristiano anelaba ser;
la justicia es un deber,
y sus méritos no callo;
785 nos regaló unos caballos
y a veces nos vino a ver.

A la voluntá de Dios
ni con la intención resisto
él nos salvó... pero, ¡ah Cristo!
790 muchas veces he deseado
no nos hubiera salvado
ni jamás haberlo visto.

Quien recibe beneficios
jamás los debe olvidar;
795 y al que tiene que rodar
en su vida trabajosa
le pasan a veces cosas
que son duras de pelar.

Voy dentrando poco a poco
800 en lo triste del pasaje;
cuando es amargo el brebaje
el corazón no se alegra;
dentró una virgüela negra
que los diesmó a los salvajes.

805 Al sentir tal mortandá
los indios desesperaos
gritaban alborotaos:
*"Cristiano echando gualicho"*
no quedó en los toldos vicho
810 que no salió redotao.

Sus remedios son secretos;
los tienen las adivinas;
no los conocen las chinas
sino alguna ya muy vieja.
815 y es la que los aconseja,
con mil embustes, la indina.

Allí soporta el paciente
las terribles curaciones,
pues a golpes y estrujones
820 son los remedios aquellos;
lo agarran de los cabellos
y le arrancan los mechones.

Les hacen mil herejías
que el presenciarlas da horror;
825 brama el indio de dolor
por los tormentos que pasa,
y untándolo todo en grasa
lo ponen a hervir al sol.

Y puesto allí boca arriba,
830 al rededor le hacen fuego;
una china viene luego
y al óido le da de gritos;
hay algunos tan malditos
que sanan con este juego.

835 A otros les cuecen la boca
aunque de dolores cruja;
lo agarran y allí lo estrujan,
labios le queman y dientes
con un güevo bien caliente
840 de alguna gallina bruja.

112

Conoce el indio el peligro
y pierde toda esperanza;
si a escapárseles alcanza
dispara como una liebre;
845 le da delirios la fiebre
y ya le cain con la lanza.

Esas fiebres son terribles,
y aunque de esto no disputo
ni de saber me reputo,
850 será, decíamos nosotros,
de tanta carne de potro
como comen estos brutos.

Había un gringuito cautivo
que siempre hablaba del barco
855 y lo augaron en un charco
por causante de la peste;
tenía los ojos celestes
como potrillito zarco.

Que le dieran esa muerte
860 dispuso una china vieja;
y aunque se aflije y se queja
es inútil que resista;
ponía el infeliz la vista
como la pone la oveja.

865 Nosotros nos alejamos
para no ver tanto estrago;
Cruz sentía los amagos
de la peste que reinaba,
y la idea nos acosaba
870 de volver a nuestros pagos.

Pero contra el plan mejor
el destino se revela:
¡la sangre se me congela!
el que nos había salvado,
875 cayó también atacado
de la fieltre y la virgüela.

No podíamos dudar
al verlo en tal padecer
el fin que había de tener
880 y Cruz, que era tan humano,
"vamos" —me dijo—, paisano,
"a cumplir con un deber".

Fuimos a estar a su lado
para ayudarlo a curar;
885 lo vinieron a buscar
y hacerle como a los otros;
lo defendimos nosotros,
no lo dejamos lanciar.

Iba creciendo la plaga
890 y la mortandá seguía;
a su lado nos tenía
cuidándoló con pacencia,
pero acabó su esistencia
al fin de unos pocos días.

895 El recuerdo me atormenta,
se renueva mi pesar;
me dan ganas de llorar,
nada a mis penas igualo;
Cruz también cayó muy malo
900 ya para no levantar.

Todos pueden figurarse
cuánto tuve que sufrir;
yo no hacía sinó gemir,
y aumentaba mi aflicción
905 no saber una oración
pa ayudarlo a bien morir.

Se le pasmó la virgüela,
y el pobre estaba en un grito;
me recomendó un hijito
910 que en su pago había dejado.
"Ha quedado abandonado,
"me dijo, aquel pobrecito.

"Si vuelve, búsquemeló,
"me repetía a media voz,
915 "en el mundo éramos dos,
"pues él ya no tiene madre:
"que sepa el fin de su padre,
"y encomiende mi alma a Dios."

Lo apretaba contra el pecho
920 dominao por el dolor,
era su pena mayor
el morir allá entre infieles;
sufriendo dolores crueles
entregó su alma al Criador.

925 De rodillas a su lado
yo lo encomendé a Jesús;
faltó a mis ojos la luz,
tube un terrible desmayo;
cái como herido del rayo
930 cuando lo ví muerto a Cruz.

## VII

Aquel bravo compañero
en mis brazos espiró;
hombre que  tanto sirvió,
varón que fué tan prudente,
935 por humano y por valiente
en el desierto murió.

Y yo, con mis propias manos,
yo mesmo lo sepulté;
a Dios por su alma rogué,
940 de dolor el pecho lleno,
y humedeció aquel terreno
el llanto que redamé.

Cumplí con mi obligación;
no hay falta de que me acuse,
945 ni deber de que me escuse,
aunque de dolor sucumba:
allá señala su tumba
una cruz que yo le puse.

Andaba de toldo en toldo
950 y todo me fastidiaba;
el pesar me dominaba,
y entregao al sentimiento,
se me hacía cada momento
óir a Cruz que me llamaba.

955 Cual más, cual menos, los criollos
saben lo que es amargura;
en mi triste desventura
no encontraba otro consuelo
que ir a tirarme en el suelo
960 al lao de su sepoltura.

Allí pasaba las horas
sin haber naides conmigo,
teniendo a Dios por testigo,
y mis pensamientos fijos
965 en mi mujer y mis hijos,
en mi pago y en mi amigo.

Privado de tantos bienes
y perdido en tierra ajena
parece que se encadena
970 el tiempo y que no pasara,
como si el sol se parara
a contemplar tanta pena.

Sin saber qué hacer de mí
y entregado a mi aflición,
975 estando allí una ocasión
del lado que venía el viento
ói unos tristes lamentos
que llamaron mi atención.

No son raros los quejidos
980  en los toldos del salvage,
pues aquel es vandalage
donde no se arregla nada
sinó a lanza y puñalada,
a bolazos y a corage.

985  No precisa juramento,
deben crerle a Martín Fierro:
he visto en ese destierro
a un salvaje que se irrita,
degollar una chinita
990  y tirárselá a los perros.

He presenciado martirios,
he visto muchas crueldades,
crímenes y atrocidades
que el cristiano no imagina;
995  pues ni el indio ni la china
sabe lo que son piedades.

Quise curiosiar los llantos
que llegaban hasta mí;
al punto me dirigí
1000  al lugar de ande venían.
¡Me horrorisa todavía
el cuadro que descubrí!

Era una infeliz mujer
que estaba de sangre llena,
1005  y como una Madalena
lloraba con toda gana;
conocí que era cristiana
y esto me dio mayor pena.

Cauteloso me acerqué
1010  a un indio que estaba al lao,
porque el pampa es desconfiao
siempre de todo cristiano,
y vi que tenía en la mano
el rebenque ensangrentao.

# VIII

1015 Más tarde supe por ella,
de manera positiva,
que dentró una comitiva
de pampas a su partido,
mataron a su marido
1020 y la llevaron cautiva.

En tan dura servidumbre
hacían dos años que estaba;
un hijito que llevaba
a su lado lo tenía;
1025 la china la aborrecía
tratándolá como esclava.

Deseaba para escaparse
hacer una tentativa,
pues a la infeliz cautiva
1030 naides la va a redimir,
y allí tiene que sufrir
el tormento mientras viva.

Aquella china perversa,
dende el punto que llegó,
crueldá y orgullo mostró
porque el indio era valiente;
usaba un collar de dientes
de cristianos que él mató.

La mandaba trabajar,
1040 poniendo cerca a su hijito,
tiritando y dando gritos
por la mañana temprano,
atado de pies y manos
lo mesmo que un corderito.

1045 Ansí le imponía tarea
de juntar leña y sembrar
viendo a su hijito llorar;
y hasta que no terminaba,
la china no la dejaba
1050 que le diera de mamar.

Cuando no tenían trabajo
la emprestaban a otra china.
"Naides, decía, se imagina
ni es capaz de presumir
1055 cuánto tiene que sufrir
la infeliz que está cautiva."

Si ven crecido a su hijito,
como de piedá no entienden,
y a súplicas nunca atienden,
1060 cuando no es éste es el otro,
se lo quitan y lo venden
o lo cambian por un potro.

En la crianza de los suyos
son bárbaros por demás;
1065 no lo había visto jamás:
en una tabla los atan,
los crían ansí, y les achatan
la cabeza por detrás.

Aunque esto parezca estraño,
1070 ninguno lo ponga en duda:
entre aquella gente ruda,
en su bárbara torpeza,
es gala que la cabeza
se les forme puntiaguda.

1075 Aquella china malvada
que tanto la aborrecía,
empezó a decir un día,
porque falleció una hermana,
que sin duda la cristiana
1080 le había echado brugería.

El indio la sacó al campo
y la empezó a amenazar:
que le había de confesar
si la brugería era cierta;
1085   o que la iba a castigar
hasta que quedara muerta.

Llora la pobre aflijida,
pero el indio, en su rigor,
le arrebató con furor
1090   al hijo de entre sus brazos,
y del primer rebencazo
la hizo crugir de dolor.

Que aquel salvaje tan cruel
azotándola seguía;
1095   más y más se enfurecía
cuanto más la castigaba,
y la infeliz se atajaba,
los golpes como podía.

Que le gritó muy furioso:
1100   *"Confechando no querés"*
la dió vuelta de un revés,
y por colmar su amargura,
a su tierna criatura
se la degolló a los pies.

1105   "Es increíble, me decía,
que tanta fiereza esista;
no habrá madre que resista;
aquel salvage inclemente
cometió tranquilamente
1110   aquel crimen a mi vista."

Esos horrores tremendos
no los inventa el cristiano:
"Ese bárbaro inhumano,
sollozando me lo dijo,
1115   me amarró luego las manos
con las tripitas de mi hijo."

## IX

De ella fueron los lamentos
que en mi soledá escuché;
en cuanto al punto llegué
1120 quedé enterado de todo;
al mirarla de aquel modo
ni un instante tutubié.

Toda cubierta de sangre
aquella infeliz cautiva,
1125 tenía dende abajo arriba
la marca de los lazazos;
sus trapos hechos pedazos
mostraban la carne viva.

Alzó los ojos al cielo,
1130 en sus lágrimas bañada;
tenía las manos atadas;
su tormento estaba claro;
y me clavó una mirada
como pidiéndomé amparo.

1135 Yo no sé lo que pasó
en mi pecho en ese istante;
estaba el indio arrogante
con una cara feroz:
para entendernos los dos
1140 la mirada fue bastante.

Pegó un brinco como gato
y me ganó la distancia;
aprovechó esa ganancia
como fiera cazadora,
1145 desató las boliadoras
y aguardó con vigilancia.

121

Aunque yo iba de curioso
y no por buscar contienda,
al pingo le até la rienda,
1150    eché mano, dende luego,
a éste que no yerra fuego,
y ya se armó la tremenda.

El peligro en que me hallaba
al momento conocí;
1155    nos mantubimos ansí,
me miraba y lo miraba;
yo al indio le desconfiaba
y él me desconfiaba a mí.

Se debe ser precabido
1160    cuando el indio se agasape:
en esa postura el tape
vale por cuatro o por cinco:
como el tigre es para el brinco
y fácil que a uno lo atrape.

1165    Peligro era atropellar
y era peligro el juir,
y más peligro seguir
esperando de este modo,
pues otros podían venir
1170    y carniarme allí entre todos.

A juerza de precaución
muchas veces he salvado,
pues en un trance apurado
es mortal cualquier descuido:
1175    si Cruz hubiera vivido
no habría tenido cuidado.

Un hombre junto con otro
en valor y en juerza crece:
el temor desaparece,
1180    escapa de cualquier trampa:
entre dos, no digo a un pampa,
a la tribu si se ofrece.

*Pelea de Martín Fierro con un indio*

En tamaña incertidumbre,
en trance tan apurado,
1185 no podía, por de contado,
escaparme de otra suerte
sinó dando al indio muerte
o quedando allí estirado.

Y como el tiempo pasaba
1190 y aquel asunto me urgía,
viendo que él no se movía.
me fui medio de soslayo
como a agarrarle el caballo
a ver si se me venía.

1195 Ansí fue, no aguardó más,
y me atropelló el salvage;
es preciso que se ataje
quien con el indio pelée;
el miedo de verse a pié
1200 aumentaba su corage.

En la dentrada no más
me largó un par de bolazos:
uno me tocó en un brazo;
si me da bien me lo quiebra,
1205 pues las bolas son de piedra
y vienen como balazo.

A la primer puñalada
el pampa se hizo un ovillo:
era el salvaje más pillo
1210 que he visto en mis correrías,
y, a más de las picardías,
arisco para el cuchillo.

Las bolas las manejaba
aquel bruto con destreza,
1215 las recogía con presteza
y me las volvía a largar,
haciéndomelás silbar
arriba de la cabeza.

Aquel indio, como todos,
1220 era cauteloso... ¡aijuna!
áhi me valió la fortuna
de que peliando se aporta:
me amenazaba con una
y me largaba con otra.

1225 Me sucedió una desgracia
en aquel percance amargo;
en momentos que lo cargo
y que él reculando va,
me enredé en el chiripá
1230 y cái tirao largo a largo.

Ni pa encomendarme a Dios
tiempo el salvaje me dió;
cuando en el suelo me vió
me saltó con ligereza:
1235 juntito de la cabeza
el bolazo retumbó.

Ni por respeto al cuchillo
dejó el indio de apretarme;
allí pretende ultimarme
1240 sin dejarme levantar,
y no me daba lugar
ni siquiera a enderezarme.

De balde quiero moverme:
aquel indio no me suelta;
1245 como persona resuelta,
toda mi juerza ejecuto,
pero abajo de aquel bruto
no podía ni darme güelta.
............................................

¡Bendito Dios poderoso!
1250 Quién te puede comprender
cuando a una débil muger
le diste en esa ocasión
la juerza que en un varón
tal vez no pudiera haber.

1255 Esa infeliz tan llorosa
viendo el peligro se anima;
como una flecha se arrima
y, olvidando su aflición,
le pegó al indio un tirón
1260 que me lo sacó de encima.

Ausilio tan generoso
me libertó del apuro;
si no es ella, de siguro
que el indio me sacrifica,
1265 y mi valor se duplica
con un ejemplo tan puro.

En cuanto me enderecé
nos volvimos a topar;
no se podía descansar
**XI** 1270 y me chorriaba el sudor;
en un apuro mayor
jamás me he vuelto a encontrar.

Tampoco yo le daba alce
como deben suponer;
1275 se había aumentao mi quehacer
para impedir que el brutazo
le pegara algún bolazo,
de rabia, a aquella muger.

La bola en manos del indio
1280 es terrible, y muy ligera;
hace de ella lo que quiera,
saltando como una cabra;
mudos, sin decir palabra,
peliábamos como fieras.

1285 Aquel duelo en el desierto
nunca jamás se me olvida;
iba jugando la vida
con tan terrible enemigo,
teniendo allí de testigo
1290 a una muger afligida.

Cuanto él más se enfurecía,
yo más me empiezo a calmar;
mientras no logra matar
el indio no se desfoga;
1295 al fin le corté una soga
y lo empecé aventajar,

Me hizo sonar las costillas
de un bolazo aquel maldito;
y al tiempo que le dí un grito
1300 y le dentro como bala,
pisa el indio y se refala
en el cuerpo del chiquito.

Para esplicar el misterio
es muy escasa mi cencia:
1305 lo castigó, en mi concencia,
su Divina Magestá:
donde no hay casualidá
suele estar la Providencia.

En cuanto trastabilló,
1310 más de firme lo cargué,
y aunque de nuevo hizo pié
lo perdió aquella pisada,
pues en esa atropellada
en dos partes lo corté.

1315 Al sentirse lastimao
se puso medio afligido;
pero era indio decidido,
su valor no se quebranta;
le salían de la garganta
1320 como una especie de aullidos.

Lastimao en la cabeza,
la sangre lo enceguecía;
de otra herida le salía
haciendo un charco ande estaba;
1325 con los pies la chapaliaba
sin aflojar todavía.

127

Tres figuras imponentes
formábamos aquel terno:
ella en su dolor materno,
1330 yo con la lengua dejuera
y el salvaje, como fiera
disparada del infierno.

Iba conociendo el indio
que tocaban a degüello;
1335 se le erizaba el cabello
y los ojos revolvía;
los labios se le perdían
cuando iba a tomar resuello.

En una nueva dentrada
1340 le pegué un golpe sentido,
y al verse ya mal herido,
aquel indio furibundo
lanzó un terrible alarido
que retumbó como un ruido
1345 si se sacudiera el mundo.

Al fin de tanto lidiar,
en el cuchillo lo alcé,
en peso lo levanté
aquel hijo del desierto,
1350 ensartado lo llevé,
y allá recién lo largué
cuando ya lo sentí muerto.

Me persiné dando gracias
de haber salvado la vida;
1355 aquella pobre afligida
de rodillas es el suelo,
alzó sus ojos al cielo
sollozando dolorida.

Me hinqué también a su lado
1360 a dar gracias a mi santo:
en su dolor y quebranto

ella, a la madre de Dios,
le pide, en su triste llanto,
que nos ampare a los dos.

1365  Se alzó con pausa de leona
cuando acabó de implorar,
y sin dejar de llorar
envolvió en unos trapitos
los pedazos de su hijito
1370  que yo le ayudé a juntar.


X


Dende ese punto era juerza
abandonar el desierto,
pues me hubieran descubierto,
y, aunque lo maté en pelea,
1375  de fijo que me lancean
por vengar al indio muerto.

A la afligida cautiva
mi caballo le ofrecí:
era un pingo que alquirí,
1380  y donde quiera que estaba
en cuanto yo lo silbaba
venía a refregarse en mí.

Yo me le senté al del pampa;
era un escuro tapao,
1385  cuando me hallo bien montao
de mis casillas me salgo;
y era un pingo como galgo,
que sabía correr boliao.

129

Para correr en el campo
1390 no hallaba ningún tropiezo:
los ejercitan en eso
y los ponen como luz,
de dentrarle a un avestruz
y bollar bajo el pescuezo.

1395 El pampa educa al caballo
como para un entrevero;
como rayo es de ligero
en cuanto el indio lo toca;
y, como trompo, en la boca
1400 da güeltas sobre de un cuero.

Lo barea en la madrugada;
jamás falta a este deber;
luego lo enseña a correr
entre fangos y guadales;
1405 ¡ansina esos animales
en cuanto se puede ver!

En el caballo de un pampa
no hay peligro de rodar,
¡jué pucha! y pa disparar
1410 es pingo que no se cansa;
con proligidá lo amansa
sin dejarlo corcobiar.

Pa quitarle las cosquillas
con cuidao lo manosea;
1415 horas enteras emplea,
y, por fin, sólo lo deja,
cuando agacha las orejas
y ya el potro ni cocea.

Jamás le sacude un golpe
1420 porque lo trata al bagual
con pacencia sin igual;
al domarlo no le pega,
hasta que al fin se le entrega
ya dócil el animal.

1425 Y aunque yo sobre los bastos
me sé sacudir el polvo,
a esa costumbre me amoldo;
con pacencia lo manejan
y al día siguiente lo dejan
1430 rienda arriba junto al toldo.

Ansí todo el que procure
tener un pingo modelo,
lo ha de cuidar con desvelo,
y debe impedir también
1435 el que de golpes le den
o tironén en el suelo.

Muchos quieren dominarlo
con el rigor y el azote,
y si ven al chafalote
1440 que tiene trazas de malo,
lo embraman en algún palo
hasta que se descogote.

Todos se vuelven protestos
y güeltas para ensillarlo:
1445 dicen que es por quebrantarlo,
mas comprinde cualquier bobo
que es del miedo del corcobo
y no quieren confesarlo.

El animal yeguarizo
1450 (perdónenmé esta alvertencia)
es de mucha conocencia
y tiene mucho sentido;
es animal consentido:
lo cautiva la pacencia.

1455 Aventaja a los demás
el que estas cosas entienda;
es bueno que el hombre aprienda,
pues hay pocos domadores
y muchos frangoyadores
1460 que andan de bozal y rienda.

Me vine, como les digo,
trayendo esa compañera,
marchamos la noche entera,
haciendo nuestro camino
1465 sin más rumbo que el destino,
que nos llevara ande quiera.

Al muerto, en un pajonal
había tratao de enterrarlo,
y, después de maniobrarlo,
1470 lo tapé bien con las pajas,
para llevar de ventaja
lo que emplearan en hallarlo.

En notando nuestra ausiencia
nos habían de perseguir,
1475 y, al decidirme a venir,
con todo mi corazón
hice la resolución
de peliar hasta morir.

Es un peligro muy serio
1480 curvar juyendo el desierto:
muchísimos de hambre han muerto,
pues en tal desasociego
no se puede ni hacer fuego
para no ser descubierto.

1485 Sólo el albitrio del hombre
puede ayudarlo a salvar;
no hay auxilio que esperar,
sólo de Dios hay amparo:
en el desierto es muy raro
1490 que uno se pueda escapar.

¡Todo es cielo y horizonte
en inmenso campo verde!
¡pobre de aquel que se pierde
o que su rumbo estravea!
1495 si alguien curvarlo desea
este consejo recuerde.

Marque su rumbo de día
con toda fidelidá;
marche con puntualidá
1500 siguiéndoló con fijeza,
y, si duerme, la cabeza
ponga para el lao que va.

Oserve con todo esmero
adonde el sol aparece
1505 si hay ñeblina y le entorpece
y no lo puede oservar,
guárdesé de caminar,
pues quien se pierde perece.

Dios les dio istintos sutiles
1510 a toditos los mortales;
el hombre es uno de tales,
y en las llanuras aquellas
lo guían el sol, las estrellas,
el viento y los animales.

1515 Para ocultarnos de día
a la vista del salvage,
ganábamos un parage
en que algún abrigo hubiera,
a esperar que anocheciera
1520 para seguir nuestro viage.

Penurias de toda clase
y miseria padecimos;
varias veces no comimos
o comimos carne cruda;
1525 y en otras, no tengan duda,
con réices nos mantubimos.

Después de mucho sufrir
tan peligrosa inquietú,
alcanzamos con salú
1530 a divisar una sierra,
y al fin pisamos la tierra
en donde crece el ombú.

133

Nueva pena sintió el pecho
por Cruz, en aquel parage,
1535 y en humilde vasallage
a la magestá infinita
besé esta tierra bendita
que ya no pisa el salvage.

Al fin la misericordia
1540 de Dios nos quiso amparar;
es preciso soportar
los trabajos con costancia:
alcanzamos a una estancia
después de tanto penar.

1545 Ahí mesmo me despedí
de mi infeliz compañera.
"Me voy —le dije— ande quiera,
aunque me agarre el gobierno,
pues, infierno por infierno,
1550 prefiero el de la frontera."

Conduyo esta relación,
ya no puedo continuar,
permitanmé descansar:
están mis hijos presentes,
1555 y yo ansioso porque cuenten
lo que tengan que contar.

**XI**

Y mientras que tomo un trago
pa refrescar el garguero,
y mientras tiempla el muchacho
1560 y prepara su estrumento,
les contaré de qué modo
tuvo lugar el encuentro.

Me acerqué a algunas estancias
por saber algo de cierto,
1565 creyendo que en tantos años
esto se hubiera compuesto;
pero cuanto saqué en limpio
fue, que estábamos lo mesmo.
Ansí me dejaba andar
1570 haciéndomé el chancho rengo,
porque no me convenía
revolver el avispero;
pues no inorarán ustedes
que en cuentas con el gobierno
1575 tarde o temprano lo llaman
al pobre a hacer el arreglo.
Pero al fin tuve la suerte
de hallar un amigo viejo,
que de todo me informó,
1580 y por él supe al momento
que el juez que me perseguía
había tiempo que era muerto:
por culpa suya he pasado
diez años de sufrimiento,
1585 y no son pocos diez años
para quien ya llega a viejo.
Y los he pasado ansí,
si en mi cuenta no me yerro:
tres años en la frontera,
1590 dos como gaucho matrero,
y cinco allá entre los indios
hacen los diez que yo cuento.
Me dijo, a más, ese amigo
que andubiera sin recelo,
1595 que todo estaba tranquilo,
que no perseguía el gobierno,
que ya naides se acordaba
de la muerte del moreno,
aunque si yo lo maté
1600 mucha culpa tuvo el negro.
Estube un poco imprudente,
puede ser, yo lo confieso,
pero él me precipitó
porque me cortó primero;

135

1605 y a más me cortó en la cara
que es un asunto muy serio.
Me aseguró el mesmo amigo
que ya no había ni el recuerdo
de aquel que en la pulpería
1610 lo dejé mostrando el sebo.
Él, de engréido me buscó,
yo ninguna culpa tengo;
el mesmo vino a peliarme,
y tal vez me hubiera muerto
1615 si le tengo más confianza
o soy un poco más lerdo;
fue suya toda la culpa,
porqué ocasionó el suceso.
Que ya no hablaban tampoco,
1620 me lo dijo muy de cierto,
de cuando con la partida
llegué a tener el encuentro.
Esa vez me defendí
como estaba en mi derecho,
1625 porque fueron a prenderme
de noche y en campo abierto.
Se me acercaron con armas,
y sin darme voz de preso,
me amenazaron a gritos,
1630 de un modo que daba miedo,
que iban a arreglar mis cuentas,
tratándomé de matrero,
y no era el jefe el que hablaba,
sinó un cualquiera de entre ellos.
1635 Y ése, me parece a mí,
no es modo de hacer arreglos,
ni con el que es inocente,
ni con el culpable menos.
Con semejantes noticias
1640 yo me puse muy contento
y me presenté ande quiera
como otros pueden hacerlo.
De mis hijos he encontrado
sólo a dos hasta el momento;
1645 y de ese encuentro feliz
le doy las gracias al cielo.

A todos cuantos hablaba
les preguntaba por ellos,
mas no me daba ninguno
1650 razón de su paradero.
Casualmente el otro día
llegó a mi conocimiento,
de una carrera muy grande
entre varios estancieros;
1655 y fui como uno de tantos,
aunque no llevaba un medio.
No faltaba, ya se entiende,
en aquel gauchage inmenso
muchos que ya conocían
1660 la historia de Martín Fierro;
y allí estaban los muchachos
cuidando unos parejeros.
Cuanto me oyeron nombrar
se vinieron al momento,
1665 diciéndomé quiénes eran,
aunque no me conocieron,
porque venía muy aindiao
y me encontraban muy viejo.
La junción de los abrazos,
1670 de los llantos y los besos
se deja pa las mugeres,
como que entienden el juego;
pero el hombre que compriende
que todos hacen lo mesmo,
1675 en público canta y baila,
abraza y llora en secreto.
Lo único que me han contado
es que mi mujer ha muerto;
que en procuras de un muchacho
1680 se fue la infeliz al pueblo,
donde infinitas miserias
habrá sufrido por cierto;
que, por fin, a un hospital
fue a parar medio muriendo,
1685 y en ese abismo de males
falleció al muy poco tiempo.
Les juro, que de esa pérdida
jamás he de hallar consuelo;

muchas lágrimas me cuesta
1690 dende que supe el suceso;
mas dejemos cosas tristes,
aunque alegrías no tengo;
me parece que el muchacho
ha templao y está dispuesto
1695 vamos a ver que tal lo hace,
y juzgar su desempeño.
Ustedes no los conocen,
yo tengo confianza en ellos,
no porque lleven mí sangre,
1700 (eso fuera lo de menos)
sinó porque dende chicos
han vivido padeciendo;
los dos son aficionados,
les gusta jugar con fuego,
1705 vamos a verlos correr:
son cojos... hijos de rengo.

# XII

## El hijo mayor de Martín Fierro

Aunque el gajo se parece
al árbol de donde sale,
solía decirlo mí madre
1710 y en su razón estoy fijo:
"jamás puede hablar el hijo
con la autoridá del padre".

Recordarán que quedamos
sin tener donde abrigarnos;
1715 ni ramada ande ganarnos,

138

ni rincón ande meternos,
ni camisa que ponernos,
ni poncho con que taparnos.

Dichoso aquel que no sabe
1720 lo que es vivir sin amparo;
yo con verdá les declaro,
aunque es por demás sabido:
dende chiquito he vivido
en el mayor desamparo.

1725 No le merman el rigor
los mesmos que lo socorren;
tal vez porque no se borren
los decretos del destino,
de todas partes lo corren
1730 como ternero dañino.

Y vive como los vichos
buscando alguna rendija;
el güérfano es sabandija
que no encuentra compasión,
1735 y el que anda sin direción
es guitarra sin clavija.

Sentiré que cuanto digo
a algún oyente le cuadre;
ni casa tenía, ni madre,
1740 ni parentela, ni hermanos;
y todos limpian sus manos
en el que vive sin padre.

Lo cruza éste de un lazazo,
lo abomba aquel de un moquete,
1745 otro le busca el cachete,
y entre tanto soportar,
suele a veces no encontrar
ni quien le arroje un soquete.

Si lo recogen lo tratan
1750 con la mayor rigidez;
piensan que es mucho tal vez,
cuando ya muestra el pellejo,
si le dan un trapo viejo
pa cubrir su desnudez.

1755 Me crié, pues, como les digo,
desnudo a veces y hambriento;
me ganaba mi sustento
y ansí los años pasaban;
al ser hombre me esperaban
1760 otra clase de tormentos.

Pido a todos que no olviden
lo que les voy a decir;
en la escuela del sufrir
he tomado mis leciones;
1765 y hecho muchas reflexiones
dende que empecé a vivir.

Si alguna falta cometo
la motiva mi inorancia;
no vengo con arrogancia
1770 y les diré en conclusión
que trabajando de pión
me encontraba en una estancia.

El que manda siempre puede
hacerle al pobre un calvario;
1775 a un vecino propietario
un boyero le mataron,
y aunque a mí me lo achacaron
salió cierto en el sumario.

Piensen los hombres honrados
1780 en la vergüenza y la pena
de que tendría la alma llena
al verme ya tan temprano
igual a los que sus manos
con el crimen envenenan.

1785 Declararon otros dos
sobre el caso del dijunto;
mas no se aclaró el asunto,
y el juez, por darlas de listo,
"amarrados como un Cristo,
1790 nos dijo, irán todos juntos."

"A la justicia ordinaria
voy a mandar a los tres."
Tenía razón aquel juez,
y cuantos ansí amenacen:
1795 ordinaria... es como la hacen,
lo he conocido después.

Nos remitió, como digo,
a esa justicia ordinaria,
y fuimos con la sumaria
1800 a esa cárcel de malevos
que por un bautismo nuevo
le llaman Penitenciaria.

El porqué tiene ese nombre
naides me lo dijo a mí
1805 mas yo me lo esplico ansí:
le dirán Penitenciaria
por la penitencia diaria
que se sufre estando allí.

Criollo que cai en desgracia
1810 tiene que sufrir no poco;
naides lo ampara tampoco
si no cuenta con recursos;
el gringo es de más discurso:
cuando mata se hace el loco.

1815 No sé el tiempo que corrió
en aquella sepoltura;
si ajuera no lo apuran,
el asunto va con pausa;
tienen la presa sigura
1820 y dejan dormir la causa.

Inora el preso a qué lao
se inclinará la balanza;
pero es tanta la tardanza
que yo les digo por mí:
1825  el hombre que dentre allí
deje afuera la esperanza.

Sin perfecionar las leyes
perfecionan el rigor;
sospecho que el inventor
1830  habrá sido algún maldito:
por grande que sea un delito
aquella pena es mayor.

Eso es para quebrantar
el corazón más altivo.
1835  Los llaveros son pasivos,
pero más secos y duros
tal vez que los mesmos muros
en que uno gime cautivo.

No es en grillos ni en cadenas
1840  en lo que usté penará
sinó en una soledá
y un silencio tan projundo
que parece que en el mundo
es el único que está.

1845  El más altivo varón
y de cormillo gastao,
allí se vería agobiao
y su corazón marchito,
al encontrarse encerrao
1850  a solas con su delito.

En la cárcel no hay toros,
allí todos son corderos;
no puede el más altanero,
al verse entre aquellas rejas,
1855  sinó amujar las orejas
y sufrir callao su encierro.

Y digo a cuantos inoran
el rigor de aquellas penas,
yo que sufrí las cadenas
1860 del destino y su inclemencia:
que aprovechen la esperencia,
del mal en cabeza agena.

¡Ay madres, las que dirigen
al hijo de sus entrañas!
1865 no piensen que las engaña,
ni que les habla un falsario;
lo que es el ser presidario
no lo sabe la campaña.

Hijas, esposas, hermanas,
1870 cuantas quieren a un varón,
díganlés que esa prisión
es un infierno temido,
donde no se oye más ruido
que el latir del corazón.

1875 Allá el día no tiene sol,
la noche no tiene estrellas;
sin que le valgan querellas
encerrao lo purifican;
y sus lágrimas salpican
1880 en las paredes aquellas.

En soledá tan terrible
de su pecho oye el latido:
lo sé, porque lo he sufrido
y créameló el aulitorio:
1885 tal vez en el purgatorio
las almas hagan más ruido.

Cuenta esas horas eternas
para más atormentarse;
su lágrima al redamarse
1890 calcula en sus aflicciones,
contando sus pulsaciones,
lo que dilata en secarse.

Allí se amansa el más bravo;
allí se duebla el más juerte;
1895   el silensio es de tal suerte
que, cuando llegue a venir,
hasta se le han de sentir
las pisadas a la muerte.

Adentro mesmo del hombre
1900   se hace una revolución:
metido en esa prisión,
de tanto no mirar nada,
le nace y queda grabada
la idea de la perfeción.

1905   En mi madre, en mis hermanos,
en todo pensaba yo;
al hombre que allí dentró
de memoria más ingrata,
fielmente se le retrata
1910   todo cuanto ajuera vió.

Aquel que ha vivido libre
de cruzar por donde quiera
se aflige y se desespera
de encontrarse allí cautivo;
1915   es un tormento muy vivo
que bate la alma más fiera.

En esa estrecha prisión
sin poderme conformar,
no cesaba de esclamar:
1920   ¡Qué diera yo por tener
un caballo en que montar
y una pampa en que correr!

En un lamento costante
se encuentra siempre embreteao;
1925   el castigo han inventao
de encerrarlo en las tinieblas,
y allí está como amarrao
a un fierro que no se duebla.

No hay un pensamiento triste
1930  que al preso no lo atormente;
bajo un dolor permanente
agacha al fin la cabeza,
porque siempre es la tristeza
hermana de un mal presente.

1935  Vierten lágrimas sus ojos
pero su pena no alivia,
en esa costante lidia
sin un momento de calma,
contempla, con los del alma,
1940  felicidades que envidia.

Ningún consuelo penetra
detrás de aquellas murallas;
el varón de más agallas,
aunque más duro que un perno,
1945  metido en aquel infierno
sufre, gime, llora y calla.

Del furor el corazón
se le quiere reventar,
pero no hay sinó aguantar
1950  aunque sosiego no alcance;
¡dichoso en tan duro trance
aquel que sabe rezar!

Dirige a Dios su plegaria
el que sabe una oración;
1955  en esa tribulación
gime olvidado del mundo,
y el dolor es más projundo
cuando no halla compasión.

En tan crueles pesadumbres,
1960  en tan duro padecer,
empezaba a encanecer
después de muy pocos meses;
allí lamenté mil veces
no haber aprendido a ler.

1965 Viene primero el furor,
después la melancolía;
en mi angustia no tenía
otro alivio ni consuelo
sino regar aquel suelo
1970 con lágrimas noche y día.

A visitar otros presos
sus familias solían ir;
naides me visitó a mí
mientras estube encerrado;
1975 ¡quién iba a costiarse allí
a ver un desamparado!

¡Bendito sea el carcelero
que tiene buen corazón!
yo sé que esta bendición
1980 pocos pueden alcanzarla,
pues si tienen compasión
su deber es ocultarla.

Jamás mi lengua podrá
espresar cuánto he sufrido;
1985 en ese encierro metido,
llaves, paredes, cerrojos,
se graban tanto en los ojos,
que uno los ve hasta dormido.
.......................................................

El mate no se permite,
1990 no le permiten hablar,
no le permiten cantar
para aliviar su dolor,
y hasta el terrible rigor
de no dejarlo fumar.

1995 La justicia muy severa
suele rayar en crueldá;
sufre el pobre que allí está
calenturas y delirios,
pues no esiste pior martirio
2000 que esa eterna soledá.

146

Conversamos con las rejas
por sólo el gusto de hablar;
pero nos mandan callar
es preciso conformarnos,
2005 pues no se debe imitar
a quien puede castigarnos.

Sin poder decir palabra
sufre en silencio los males,
y uno en condiciones tales,
2010 se convierte en animal,
privao del don principal
que Dios hizo a los mortales.

Yo no alcanzo a comprender
por qué motivo será,
2015 que el preso privado está
de los dones más preciosos
que el justo Dios bondadoso
otorgó a la humanidá.

Pues que de todos los bienes,
2020 (en mi inorancia lo infiero)
que le dio al hombre altanero
su Divina Majestá,
la palabra es el primero,
el segundo es la amistá.

2025 Y es muy severa la ley
que por un crimen o un vicio,
somete al hombre a un suplicio
el más tremendo y atroz,
privado de un beneficio
2030 que ha recebido de Dios.

La soledá causa espanto,
el silencio causa horror;
ese continuo terror
es el tormento más duro,
2035 y en un presidio siguro
está de más tal rigor.

147

Inora uno si de allí
saldrá pa la sepoltura:
el que se halla en desventura
2040 busca a su lado otro ser:
pues siempre es bueno tener
compañeros de amargura.

Otro más sabio podrá
encontrar razón mejor,
2045 yo no soy rebuscador,
y ésta me sirve de luz:
se lo dieron al Señor
al clavarlo en una cruz.

Y en las projundas tinieblas
2050 en que mi razón esiste,
mi corazón se resiste
a ese tormento sin nombre,
pues el hombre alegra al hombre,
y el hablar consuela al triste.

2055 Grábenló como en la piedra
cuanto he dicho en este canto;
y aunque yo he sufrido tanto
debo confesarlo aquí:
el hombre que manda allí,
2060 es poco menos que un santo.

Y son buenos los demás,
a su ejemplo se manejan;
pero por eso no dejan
las cosas de ser tremendas;
2065 piensen todos y compriendan
el sentido de mis quejas.

Y guarden en su memoria
con toda puntualidá,
lo que con tal claridá
2070 les acabo de decir;
mucho tendrán que sufrir
si no creen en mi verdá.

148

Y si atienden mis palabras
no habrá calabozos llenos;
2075 manéjensé como buenos;
no olviden esto jamás:
aquí no hay razón de más;
más bien las puse de menos.

Y con esto me despido;
2080 todos han de perdonar;
ninguno debe olvidar
la historia de un desgraciado:
quien ha vivido encerrado
poco tiene que contar.


# XIII

## El hijo segundo de Martín Fierro


2085 Lo que les voy a decir
ninguno lo ponga en duda,
y aunque la cosa es peluda,
haré la resolución;
es ladino el corazón
2090 pero la lengua no ayuda.

El rigor de las desdichas
hemos soportao diez años,
pelegrinando entre estraños
sin tener donde vivir,
2095 y obligados a sufrir
una máquina de daños.

El que vive de este modo
de todos es tributario;
falta el cabeza primario,

2100 y los hijos que él sustenta
se dispersan como cuentas
cuando se corta el rosario.

Yo andube ansí como todos,
hasta que al fin de sus días
2105 supo mi suerte una tía
y me recogió a su lado;
allí viví sosegado
y de nada carecía.

No tenía cuidado alguno
2110 ni que trabajar tampoco;
y como muchacho loco
lo pasaba de holgazán;
con razón dice el refrán
que lo bueno dura poco.

2115 En mí todo su cuidado
y su cariño ponía;
como a un hijo me quería
con cariño verdadero
y me nombró de heredero
2120 de los bienes que tenía.

El juez vino sin tardanza
cuando falleció la vieja.
"De los bienes que te deja",
me dijo, "yo he de cuidar
2125 "es un rodeo regular
"y dos majadas de ovejas".

Era hombre de mucha labia,
con más leyes que un dotor.
Me dijo: "vos sos menor
2130 "y por los años que tienes,
"no podés manejar bienes,
"voy a nombrarte un tutor".

Tomó un recuento de todo
porque entendía su papel,
2135 y después que aquel pastel
lo tuvo bien amasao,
puso al frente un encargao
y a mí me llevó con él.

Muy pronto estubo mi poncho
2140 lo mesmo que cernidor;
el chiripá estaba pior,
y aunque pa el frío soy guapo,
ya no me quedaba un trapo
ni pa el frío, ni pa el calor.

2145 En tan triste desabrigo,
tras de un mes iba otro mes;
guardaba silencio el juez,
la miseria me invadía;
me acordaba de mi tía,
2150 al verme en tal desnudés.

No sé decir con fijeza
el tiempo que pasé allí;
y después de andar ansí,
como moro sin señor,
2155 pasé a poder del tutor
que debía cuidar de mí.

## XIV

Me llevó consigo un viejo
que pronto mostró la hilacha:
dejaba ver por la facha
2160 que era medio cimarrón;
muy renegao, muy ladrón,
y le llamaban Viscacha.

Lo que el juez iba buscando
sospecho y no me equivoco;
2165 pero este punto no toco
ni su secreto averiguo:
mi tutor era un antiguo
de los que ya quedan pocos.

Viejo lleno de camándulas,
2170 con un empaque a lo toro;
andaba siempre en un moro,
metido en no sé qué enriedos,
con las patas como loro,
de estribar entre los dedos.

2175 Andaba rodiao de perros,
que eran todo su placer;
jamás dejó de tener
menos de media docena;
mataba vacas ajenas
2180 para darles de comer.

Carniábamos noche a noche
alguna res en el pago;
y, dejando allí el resago,
alzaba en ancas el cuero,
2185 que se lo vendía a un pulpero
por yerba, tabaco y trago.

¡Ah! ¡viejo más comerciante
en mi vida lo he encontrao!
con ese cuero robao,
2190 él arreglaba el pastel,
y allí entre el pulpero y él
se estendía el certificao.

La echaba de comedido;
en las trasquilas, lo viera,
2195 se ponía como una fiera
si cortaban una oveja;
pero de alzarse no deja
un vellón o unas tijeras.

152

Una vez me dió una soba
2200 que me hizo pedir socorro,
porque lastimé un cachorro
en el rancho de unas vascas;
y al irse se alzó unas guascas;
para eso era como zorro.

2205 ¡Ai juna! dije entre mí;
me has dao esta pesadumbre:
ya verás cuando vislumbre
una ocasión medio güena;
te he de quitar la costumbre
2210 de cerdiar yeguas agenas.

Porque maté una viscacha
otra vez me reprendió;
se lo vine a contar yo;
y no bien se lo hube dicho,
2215 "ni me nuembres ese bicho"
me dijo, y se me enojó.

Al verlo tan irritao
hallé prudente callar;
éste me va a castigar
2220 dije entre mí, si se agravia:
ya ví que les tenía rabia
y no las volví a nombrar.

Una tarde halló una punta
de yeguas medio bichocas;
2225 después que voltió unas pocas
las cerdiaba con empeño;
yo vide venir al dueño
pero me callé la boca.

El hombre venía jurioso
2230 y nos cayó como un rayo;
se descolgó del caballo
revoliando el arriador,
y lo cruzó de un lazaso
áhi no más a mi tutor.

2235 No atinaba don Viscacha
a qué lado disparar,
hasta que logró montar,
y de miedo del chicote,
se lo apretó hasta el cogote
2240 sin pararse a contestar.

Ustedes crerán tal vez
que el viejo se curaría:
no, señores, lo que hacía
con más cuidao, dende entonces,
2245 era maniarlas de día
para cerdiar a la noche.

Ese fue el hombre que estubo
encargao de mi destino;
siempre andubo en mal camino,
2250 y todo aquel vecindario
decía que era un perdulario,
insufrible de dañino.

Cuando el juez me lo nombró
al dármeló de tutor,
2255 me dijo que era un señor
el que me debía cuidar,
enseñarme a trabajar
y darme la educación.

Pero qué había de aprender
2260 al lao de ese viejo paco
que vivía como el chuncaco
en los bañaos, como el tero;
un haragán, un ratero,
y más chillón que un barraco.

2265 Tampoco tenía más bienes
ni propiedá conocida
que una carreta podrida
y las paredes sin techo
de un rancho medio desecho,
2270 que le servía de guarida.

Después de las trasnochadas
allí venía a descansar;
yo desiaba aviriguar
lo que tubiera escondido,
2275 pero nunca había podido
pues no me dejaba entrar.


Yo tenía unas jergas viejas
que habían sido más peludas;
y con mis carnes desnudas,
2280 el viejo, que era una fiera,
me echaba a dormir ajuera
con unas heladas crudas.


Cuando mozo fue casao
aunque yo lo desconfío;
2285 y decía un amigo mío
que, de arrebatao y malo,
mató a su mujer de un palo
porque le dio un mate frío.


Y viudo por tal motivo
2290 nunca se volvió a casar;
no era fácil encontrar
ninguna que lo quisiera:
todas temerían llevar
la suerte de la primera.


2295 Soñaba siempre con ella,
sin duda por su delito,
y decía el viejo maldito
el tiempo que estubo enfermo,
que ella dende el mesmo infierno
2300 lo estaba llamando a gritos.

XV

Siempre andaba retobao,
con ninguno solía hablar;
se divertía en escarbar
y hacer marcas con el dedo;
2305 y cuanto se ponía en pedo
me empezaba a aconsejar.

Me parece que lo veo
con su poncho calamaco;
después de echar un buen taco
2310 ansí principiaba a hablar:
"Jamás llegués a parar
a donde veás perros flacos."

"El primer cuidao del hombre
es defender el pellejo;
2315 lleváte de mi consejo,
fijáte bien lo que hablo:
el diablo sabe por diablo
pero más sabe por viejo."

"Hacéte amigo del juez,
2320 no le dés de qué quejarse;
y cuando quiera enojarse
vos te debés encojer,
pues siempre es güeno tener
palenque ande ir a rascarse."

2325 "Nunca le llevés la contra
porque él manda la gavilla;
allí sentao en su silla,
ningún güey le sale bravo:
a uno le da con el clavo
2330 y a otro con la cantramilla."

156

*El Viejo Viscacha dando sus consejos*

"El hombre, hasta el más soberbio,
con más espinas que un tala,
aflueja andando en la mala
y es blando como manteca:
2335   hasta la hacienda baguala
cái al jagüel en la seca."

"No andés cambiando de cueva,
hacé las que hace el ratón:
conserváte en el rincón
2340   en que empesó tu esistencia:
vaca que cambia querencia
se atrasa en la parición."

Y menudiando los tragos
aquel viejo como cerro,
2345   "No olvidés, me decía, Fierro,
que el hombre no debe crer,
en lágrimas de muger
ni en la renguera del perro."

"No te debés afligir
2350   aunque el mundo se desplome:
lo que más precisa el hombre
tener, según yo discurro,
es la memoria del burro
que nunca olvida ande come."

2355   "Dejá que caliente el horno
el dueño del amasijo;
lo que es yo, nunca me aflijo
y a todito me hago el sordo:
el cerdo vive tan gordo
2360   y se come hasta los hijos."

"El zorro que ya es corrido,
dende lejos la olfatea;
no se apure quien desea
hacer lo que le aproveche:
2365   la vaca que más rumea
es la que da mejor leche."

"El que gana su comida,
bueno es que en silencio coma:
ansina, vos ni por broma
2370 querrás llamar la atención:
nunca escapa el cimarrón
si dispara por la loma."

"Yo voy donde me conviene
y jamás me descarrío;
2375 lleváte el ejemplo mío;
y llenarás la barriga;
aprendé de las hormigas:
no van a un noque vacío."

"A naides tengás envidia;
2380 es muy triste el envidiar;
cuando veás a otro ganar
a estorbarlo no te metas:
cada lechón en su teta
es el modo de mamar."

2385 "Ansí se alimentan muchos
mientras los pobres lo pagan;
como el cordero hay quien lo haga
en la puntita, no niego;
pero otros, como el borrego,
2390 toda entera se la tragan."

"Si buscás vivir tranquilo
dedicáte a solteriar;
mas si te querés casar,
con esta alvertencia sea:
2595 que es muy difícil guardar
prenda que otros codicean."

"Es un vicho la muger
que yo aquí no lo destapo:
siempre quiere al hombre guapo,
2400 mas fijáte en la eleción;
porque tiene el corazón
como barriga de sapo."

159

Y gangoso con la tranca,
me solía decir: "Potrillo,
2105 recién te apunta el cormillo,
mas te lo dice un toruno:
no dejés que hombre ninguno
te gane el lao del cuchillo."

"Las armas son necesarias
2410 pero naides sabe cuándo;
ansina, si andás pastando,
y de noche sobre todo,
debés llevarlo de modo
que al salir, salga cortando."

2415 "Los que no saben guardar
son pobres aunque trabajen;
nunca, por más que se atajen,
se librarán del cimbrón:
al que nace barrigón
2420 es al ñudo que lo fajen."

"Donde los vientos me llevan
allí estoy como en mi centro;
cuando una tristeza encuentro
tomo un trago pa alegrarme:
2425 a mí me gusta mojarme
por ajuera y por adentro."

"Vos sos pollo, y te convienen
toditas estas razones;
mis consejos y leciones
2430 no echés nunca en el olvido:
en las riñas he aprendido
a no peliar sin puyones."

Con estos consejos y otros,
que yo en mi memoria encierro
2435 y que aquí no desentierro,
educándomé seguía,
hasta que al fin se dormía,
mesturao entre los perros.

## XVI

Cuando el viejo cayó enfermo,
2440 viendo yo que se empioraba,
y que esperanza no daba
de mejorarse siquiera,
le truje una culandrera
a ver si lo mejoraba.

2445 En cuanto lo vió me dijo:
"Este no aguanta el sogaso;
"muy poco le doy de plazo;
"nos va a dar un espetáculo,
"porque debajo del brazo
2450 "le ha salido un tabernáculo."

Dice el refrán que en la tropa
nunca falta un güey corneta;
uno que estaba en la puerta
le pegó el grito áhi no más;
2455 "Tabernáculo... qué bruto;
"un tubérculo dirás."

Al verse ansí interrumpido
al punto dijo el cantor:
"No me parece ocasión
2460 "de meterse los de ajuera,
"tabernáculo, señor,
"le decía la culandrera."

El de ajuera repitió
dándolé otro chaguarazo;
2465 "Allá vá un nuevo bolazo,
"copo y se lo gano en puerta:
"a las mujeres que curan
"se les llama curanderas."

No es buena, dijo el cantor,
2470 muchas manos en un plato,
y diré al que ese barato
ha tomao de entremetido,
que no créia haber venido
a hablar entre literatos.

2475 Y para seguir contando
la historia de mi tutor
le pediré a ese dotor
que en mi inorancia me deje,
pues siempre encuentra el que teje
2480 otro mejor tejedor.

Seguía enfermo como digo,
cada vez más emperrao;
yo estaba ya acobardao
y lo espiaba dende lejos:
2485 era la boca del viejo
la boca de un condenao.

Allá pasamos los dos
noches terribles de invierno;
él maldecía al Padre Eterno
2490 como a los santos benditos,
pidiéndolé al diablo a gritos
que lo llevara al infierno.

Debe ser grande la culpa
que a tal punto mortifica;
2495 cuando vía una reliquia
se ponía como azogado,
como si a un endemoniado
le echaran agua bendita.

Nunca me le puse a tiro
2500 pues era de mala entraña;
y viendo herejía tamaña,
si alguna cosa le daba,
de lejos se la alcanzaba
en la punta de una caña.

2505 Será mejor, decía ya,
que abandonado lo deje,
que blafeme y que se queje
y que siga de esta suerte,
hasta que venga la muerte
2510 y cargue con este hereje.

Cuando ya no pudo hablar
le até en la mano un cencerro,
y al ver cercano su entierro,
arañando las paredes
2515 espiró allí, entre los perros
y este servidor de ustedes.

## XVII

Le cobré un miedo terrible
después que lo ví dijunto;
llamé al alcalde, y al punto,
2520 acompañao se vino
de tres o cuatro vecinos
a arreglar aquel asunto.

"Ánima bendita", dijo
un viejo medio ladiao;
2525 "que Dios lo haiga perdonao,
"es todo cuanto deseo:
"le conocí un pastoreo
"de terneritos robaos."

"Ansina es, dijo el alcalde,
2530 con eso empezó a poblar;
yo nunca podré olvidar
las travesuras que hizo;
hasta que al fin fue preciso
que le privasen carniar."

2535　"De mozo fue muy jinete,
　　　no lo bajaba un bagual;
　　　pa ensillar un animal
　　　sin necesitar de otro,
　　　se encerraba en el corral
2540　y allí galopiaba el potro."

　　　Se llevaba mal con todos;
　　　era su costumbre vieja
　　　el mesturar las ovejas,
　　　pues al hacer el aparte
2545　sacaba la mejor parte
　　　y después venía con quejas."

　　　"Dios lo ampare al pobresito,
　　　dijo en seguida un tercero,
　　　siempre robaba carneros,
2550　en eso tenía destreza:
　　　enterraba las cabezas,
　　　y después vendía los cueros."

　　　"Y qué costumbre tenía;
　　　cuando en el jogón estaba,
2555　con el mate se agarraba
　　　estando los piones juntos,
　　　yo tayo, decía, y apunto,
　　　y a ninguno convidaba."

　　　"Si ensartaba algún asao,
2560　¡pobre! ¡como si lo viese!
　　　poco antes de que estubiese
　　　primero lo maldecía,
　　　luego después lo escupía
　　　para que naides comiese."

2565　"Quien le quitó esa costumbre
　　　de escupir el asador,
　　　fue un mulato resertor
　　　que andaba de amigo suyo,
　　　un diablo, muy peliador,
2570　que le llamaban Barullo."

"Una noche que les hizo
como estaba acostumbrao,
se alzó el mulato enojao,
y le grito: "viejo indino,
2575  "yo te he de enseñar, cochino,
"a echar saliva al asao".

"Lo saltó por sobre el juego
con el cuchillo en la mano;
¡la pucha, el pardo liviano!
2580  en la mesma atropellada
le largó una puñalada
que la quitó otro paisano."

"Y ya caliente Barullo,
quiso seguir la chacota:
2585  se le había erizao la mota
lo que empezó la reyerta:
el viejo ganó la puerta
y apeló a las de gaviota."

"De esa costumbre maldita
2590 . dende entonces se curó;
a las casas no volvió,
se metió en un cicutal,
y allí escondido pasó
esa noche sin cenar."

2595  Esto hablaban los presentes;
y yo que estaba a su lao,
al oír lo que he relatao,
aunque él era un perdulario,
dije entre mí: "¡qué rosario
2600  le están resando al finao!"

Luego comenzó el alcalde
a registrar cuanto había,
sacando mil chucherías
y guascas y trapos viejos,
2605  temeridá de trebejos
que para nada servían.

Salieron lazos, cabrestos,
coyundas y maniadores,
una punta de arriadores,
2610 cinchones, maneas, torzales,
una porción de bozales
y un montón de tiradores.

Había riendas de domar,
frenos y estribos quebraos;
2615 bolas, espuelas, recaos,
unas pavas, unas ollas,
y un gran manojo de argollas
de cinchas que había cortao.

Salieron varios cencerros,
2620 alesnas, lonjas, cuchillos,
unos mantos cojinillos,
un alto de jergas viejas,
muchas botas desparejas,
y una infinidad de anillos.

2625 Había tarros de sardinas,
unos cueros de venao,
unos ponchos aujeriaos,
y en tan tremendo entrevero
apareció hasta un tintero
2630 que se perdió en el juzgao.

Decía el alcalde muy serio:
"Es poco cuanto se diga;
"había sido como hormiga,
"he de darle parte al juez,
2635 "y que me venga después
"conque no se los persiga."

Yo estaba medio azorao
de ver lo que sucedía;
entre ellos mesmos decían
2640 que unas prendas eran suyas,
pero a mí me parecía
que esas eran aleluyas.

Y cuando ya no tubieron
rincón donde registrar,
cansaos de tanto huroniar
2645 y de trabajar de balde,
"vámosnós, dijo el alcalde,
"luego lo haré sepultar".

Y aunque mi padre no era
2650 el dueño de ese hormiguero,
él allí muy cariñero,
me dijo con muy buen modo:
"Vos serás el heredero
"y te harás cargo de todo."

2655 "Se ha de arreglar este asunto
"como es preciso que sea;
"voy a nombrar albacea
"uno de los circustantes,
"las cosas no son, como antes,
2660 "tan enredadas y feas."

¡Bendito Dios! pensé yo:
ande como un pordiosero,
y me nuembran heredero
de toditas estas guascas:
2665 ¡quisiera saber primero
lo que se han hecho mis vacas!

## XVIII

Se largaron como he dicho
a disponer el entierro;
cuando me acuerdo, me aterro:
2670 me puse a llorar a gritos
al verme allí tan solito
con el finao y los perros.

Me saqué el escapulario,
se lo colgué al pecador;
2675 y como hay en el Señor
misericordia infinita,
rogué por la alma bendita
del que antes jué mi tutor.

No se calmaba mi duelo
2680 de verme tan solitario;
áhi le champurrié un rosario
como si juera mi padre,
besando el escapulario
que me había puesto mi madre.

2685 Madre mía, gritaba yo,
dónde andarás padeciendo;
el llanto que estoy virtiendo
lo redamarías por mí,
si vieras a tu hijo aquí
2690 todo lo que está sufriendo.

Y mientras ansí clamaba
sin poderme consolar,
los perros, para aumentar
más mi miedo y mi tormento,
2695 en aquel mesmo momento
se pusieron a llorar.

Libre Dios a los presentes
de que sufran otro tanto;
con el muerto y esos llantos
2700 les juro que falta poco
para que me vuelva loco
en medio de tanto espanto.

Decían entonces las viejas,
como que eran sabedoras,
2705 que los perros cuando lloran
es porque ven al demonio;
yo créia en el testimonio
como cré siempre el que inora.

Áhi dejé que los ratones
2710 comieran el guasquerío;
y como anda a su albedrío
todo el que güérfano queda,
alzando lo que era mío
abandoné aquella cueva.

2715 Supe después que esa tarde
vino un pion y lo enterró,
ninguno lo acompañó
ni lo velaron siquiera;
y al otro día amaneció
2720 con una mano dejuera.

Y me ha contado además
el gaucho que hizo el entierro
(al recordarlo me aterro,
me dá pavor este asunto)
2725 que la mano del dijunto
se la había comido un perro.

Tal vez yo tuve la culpa
porque de asustao me fuí;
supe después que volví,
2730 y asigurárselós puedo,
que los vecinos, de miedo,
no pasaban por allí.

Hizo del rancho guarida
la sabandija más sucia;
2735 el cuerpo se despeluza
y hasta la razón se altera:
pasaba la noche entera
chillando allí una lechuza.

Por mucho tiempo no pude
2740 saber lo que me pasaba;
los trapitos con que andaba
eran puras hojarascas;
todas las noches soñaba
con viejos, perros y guascas.

169

## XIX

2745 Andube a mi voluntá
     como moro sin señor;
     ese fue el tiempo mejor
     que yo he pasado tal vez:
     de miedo de otro tutor
2750 ni aporté por lo del juez.

     "Yo cuidaré, me había dicho,
     "de lo de tu propiedá,
     "todo se conservará,
     "el vacuno y los rebaños
2755 "hasta que cumplás treinta años
     "en que seás mayor de edá."

     Y aguardando que llegase
     el tiempo que la ley fija,
     pobre como lagartija,
2760 y sin respetar a naides,
     andube cruzando al aire
     como bola sin manija.

     Me hice hombre de esa manera
     bajo el más duro rigor;
2765 sufriendo tanto dolor
     muchas cosas aprendí;
     y, por fin vítima fuí
     del más desdichado amor.

     De tantas alternativas
2770 ésta es la parte peluda;
     infeliz y sin ayuda
     fue estremado mi delirio,
     y causaban mi martirio
     los desdenes de una viuda.

2775 Llora el hombre ingratitudes
sin tener un jundamento,
acusa sin miramiento
a la que el mal le ocasiona,
y tal vez en su persona
2780 no hay ningún merecimiento.

Cuando yo más padecía
la crueldá de mi destino,
rogando al poder divino
que del dolor me separe,
2785 me hablaron de un adivino
que curaba esos pesares.

Tuve recelos y miedos
pero al fin me disolví:
hice coraje y me fuí
2790 donde el adivino estaba,
y por ver si me curaba
cuanto llevaba le dí.

Me puse al contar mis penas
más colorao que un tomate,
2795 y se me añudó el gaznate
cuando dijo el ermitaño:
"Herrnano, le han hecho daño
"y se lo han hecho en un mate."

"Por verse libre de usté
2800 "lo habrán querido embrujar."
Después me empezó a pasar
una pluma de avestruz
y me dijo: "de la Cruz
"recebí el don de curar".

2805 "Debés maldecir, me dijo,
"a todos tus conocidos,
"ansina el que te ha ofendido
"pronto estará descubierto,
"y deben ser maldecidos
2810 "tanto vivos como muertos."

Y me recetó que hincao
en un trapo de la viuda
frente a una planta de ruda
hiciera mis oraciones,
2815 diciendo: "no tengás duda,
"eso cura las pasiones".

A la viuda en cuanto pude
un trapo le manotié;
busqué la ruda y al pié,
2820 puesto en cruz, hice mi reso;
pero, amigos, ni por eso
de mis males me curé.

Me recetó otra ocasión
que comiera abrojo chico:
2825 el remedio no me esplico,
mas, por desechar el mal,
al ñudo en un abrojal
fí a ensangrentarme el hocico.

Y con tanta medecina
2830 me parecía que sanaba;
por momentos se aliviaba
un poco mi padecer,
mas si a la viuda encontraba
volvía la pasión a arder.

2835 Otra vez que consulté
su saber estrordinario,
recibió bien su salario,
y me recetó aquel pillo
que me colgase tres grillos
2840 ensartaos como rosario.

Por fin, la última ocasión
que por mi mal lo fí a ver,
me dijo: "No, mi saber
"no ha perdido su virtú:
2845 "yo te daré la salú,
"no triunfará esa mujer."

"Y tené fe en el remedio,
"pues la cencia no es chacota;
"de esto no entendés ni jota;
2850 "sin que ninguno sospeche
"cortále a un negro tres motas
"y hacélas hervir en leche."

Yo andaba ya desconfiando
de la curación maldita,
2855 y dije: "éste no me quita
"la pasión que me domina;
"pues que viva la gallina
"aunque sea con la pepita".

Ansí me dejaba andar,
2860 hasta que en una ocasión,
el cura me echó un sermón,
para curarme, sin duda,
diciendo que aquella viuda
era hija de confisión.

2865 Y me dijo estas palabras
que nunca las he olvidao:
"Has de saber que el finao
"ordenó en su testamento
"que naides de casamiento
2870 "le hablara, en lo sucesivo,
"y ella prestó el juramento
"mientras él estaba vivo."

"Y es preciso que lo cumpla,
"porque ansí lo manda Dios.
2875 "Es necesario que vos
"no la vuelvaa a buscar,
"porque si llega a faltar
"se condenarán los dos.

Con semejante alvertencia
2880 se completó mi redota;
le vi los pies a la sota,

173

y me le alejé a la viuda
más curao que con la ruda,
con los grillos y las motas.

2885    Después me contó un amigo
que al juez le había dicho el cura:
"Que yo era un cabeza dura
"y que era un mozo perdido,
"que me echaran del partido,
2890    "que no tenía compostura."

Tal vez por ese consejo,
y sin que más causa hubiera,
ni que otro motivo diera,
me agarraron redepente
2895    y en el primer contingente
me echaron a la frontera.

De andar persiguiendo viudas
me he curado del deseo;
en mil penurias me veo,
2900    mas pienso volver, tal vez
a ver si sabe aquel juez
lo que se ha hecho mi rodeo.

**XX**

Martín Fierro y sus dos hijos,
entre tanta concurrencia,
2905    siguieron con alegría
celebrando aquella fiesta.
Diez años, los más terribles,
había durado la ausencia,
y al hallarse nuevamente
2910    era su alegría completa.
En ese mesmo momento,
uno que vino de afuera,

a tomar parte con ellos
suplicó que lo almitieran.
2915 Era un mozo forastero
de muy regular presencia,
y hacía poco que en el pago
andaba dando sus güeltas;
aseguraban algunos
2920 que venía de la frontera,
que había pelao a un pulpero
en las últimas carreras.
pero andaba despilchao,
no tráia una prenda buena;
2925 un recadito cantor
daba fe de sus pobrezas.
Le pidió la bendición
al que causaba la fiesta,
y sin decirles su nombre
2930 les declaró con franqueza
que el nombre de *Picardía*
es el único que lleva,
y para contar su historia
a todos pide licencia,
2935 diciéndolés que en seguida
iban a saber quién era:
tomó al punto la guitarra,
la gente se puso atenta,
y ansí cantó *Picardía*
2940 en cuanto templó las cuerdas.

## XXI

## Picardía

Voy a contarles mi historia
perdónenmé tanta charla,
y les diré al principiarla,
aunque es triste hacerlo así,
2945 a mi madre la perdí
antes de saber llorarla.

Me quedé en el desamparo,
y al hombre que me dió el ser
no lo pude conocer;
2950 ansí, pues, dende chiquito
volé como un pajarito
en husca de qué comer.

O por causa del servicio,
que a tanta gente destierra,
2955 o por causa de la guerra,
que es causa bastante seria,
los hijos de la miseria
son muchos en esta tierra.

Ansí, por ella empujado,
2960 no sé las cosas que haría,
y, aunque con vergüenza mía,
debo hacer esta alvertencia:
siendo mi madre Inocencia,
me llamaban Picardía.

2965 Me llevó a su lado un hombre
para cuidar las ovejas,
pero todo el día eran quejas

y guascazos a lo loco,
y no me daba tampoco
2970 siquiera unas jergas viejas.


Dende la alba hasta la noche,
en el campo me tenía;
cordero que se moría,
mil veces me sucedió,
2975 los caranchos lo comían
pero lo pagaba yo.


De trato tan riguroso
muy pronto me acobardé;
el bonete me apreté
2980 buscando mejores fines,
y con unos bolantines
me fuí para Santa Fe.


El pruebista principal
a enseñarme me tomó,
2985 y ya iba aprendiendo yo
a bailar en la maroma;
mas me hicieron una broma
y aquello me indijustó.


Una vez que iba bailando,
2990 porque estaba el calzón roto,
armaron tanto alboroto
que me hicieron perder pié:
de la cuerda me largué
y casi me descogoto.


2995 Ansí me encontré de nuevo
sin saber donde meterme;
y ya pensaba volverme,
cuando, por fortuna mía,
me salieron unas tías
3000 que quisieron recogerme.

Con aquella parentela,
para mí desconocida,
me acomodé ya en seguida;
y eran muy buenas señoras,
3005 pero las más rezadoras
que he visto en toda mi vida.

Con el toque de oración
ya principiaba el rosario;
noche a noche un calendario
3010 tenían ellas que decir,
y a rezar solían venir
muchas de aquel vecindario.

Lo que allí me aconteció
siempre lo he de recordar,
3015 pues me empiezo a equivocar
y a cada paso refalo,
como si me entrara el Malo
cuanto me hincaba a resar.

Era como tentación
3030 lo que yo esperimenté;
y jamás olvidaré
cuanto tuve que sufrir,
porque no podía decir
"Artículos de la Fe".

3025 Tenía al lao una mulata
que era nativa de allí;
se hincaba cerca de mí
como el ángel de la guarda;
¡pícara! y era la parda
3030 la que me tentaba ansí.

"Resá, me dijo mi tía,
"Artículo de la Fe."
Quise hablar y me atoré;
la dificultá me aflije;
3035 miré a la parda y ya dije
"Artículos de Santa Fe".

Me acomodó el coscorrón
que estaba viendo venir;
yo me quise corregir,
3040  a la mulata miré,
y otra vez volví a decir
"Artículos de Santa Fe."

Sin dificultá ninguna
rezaba todito el día,
3045  y a la noche no podía
ni con un trabajo inmenso;
es por eso que yo pienso
que alguno me tentaría.

Una noche de tormenta,
3050  vi a la parda y me entró chucho;
los ojos, me asusté mucho,
eran como refocilo;
al nombrar a San Camilo.
le dije San Camilucho.

3055  Esta me da con el pié,
aquella otra con el codo;
¡ah viejas! por ese modo,
aunque de corazón tierno,
yo las mandaba al infierno
3060  con oraciones y todo.

Otra vez, que como siempre
la parda me perseguía,
cuando yo acordé, mis tías
me habían sacao un mechón
3065  al pedir la estirpación
de todas las heregías.

Aquella parda maldita
me tenía medio afligido,
y ansí, me había sucedido
3070  que al decir estirpación
le acomodé entripación,
y me cayeron sin ruido.

El recuerdo y el dolor
me duraron muchos días;
3075 soñé con las heregías
que andaban por estirpar,
y pedía siempre al resar
la estirpación de mis tías.

Y dale siempre rosarios,
3080 noche a noche y sin cesar;
dale siempre barajar
salves, trisagios y credos:
me aburrí de esos enriedos
y al fin me mandé mudar.

## XXII

3085 Andube como pelota
y más pobre que una rata;
cuando empecé a ganar plata
se armó no sé qué barullo,
yo dije: A tu tierra, grullo,
3090 aunque sea con una pata.

Eran duros y bastantes
los años que allá pasaron;
con lo que ellos me enseñaron
formaba mi capital;
3095 cuanto vine me enrolaron
en la Guardia Nacional.

Me había ejercitao al naipe,
el juego era mi carrera;
hice alianza verdadera
3100 y arreglé una trapisonda
con el dueño de una fonda
que entraba en la peladera.

Me ocupaba con esmero
en floriar una baraja:
3105 él la guardaba en la caja,
en paquete, como nueva;
y la media arroba lleva
quien conoce la ventaja.

Comete un error inmenso
3110 quien de la suerte presuma,
otro más hábil lo fuma,
en un dos por tres lo pela;
y lo larga que no vuela
porque le falta una pluma.

3115 Con un socio que lo entiende
se arman partidas muy buenas;
queda allí la plata agena,
quedan prendas y botones;
siempre cain a esas riuniones
3120 sonzos con las manos llenas.

Hay muchas trampas legales,
recursos del jugador;
no cualquiera es sabedor
a lo que un naipe se presta:
3125 con una *cincha* bien puesta
se la pega uno al mejor.

Deja a veces ver la boca
haciendo el que se descuida;
juega el otro hasta la vida,
3130 y es siguro que se ensarta,
porque uno muestra una carta
y tiene otra prevenida.

Al monte, las precauciones
no han de olvidarse jamás;
3135 debe afirmarse además
los dedos para el trabajo,
y buscar asiento bajo
que le dé la luz de atrás.

Pa tayar, tome la luz,
3140 dé la sombra al alversario,
acomódesé al contrario
en todo juego cartiao:
tener ojo ejercitao
es siempre muy necesario.

3145 El contrario abre los suyos,
pero nada vé el que es ciego;
dándolé soga, muy luego
se deja pescar el tonto:
todo chapetón cree pronto
3150 que sabe mucho en el juego.

Hay hombres muy inocentes
y que a las carpetas van;
cuando asariados están,
les pasa infinitas veces,
3155 pierden en puertas y en treses,
y dándolés, *mamarán.*

El que no sabe, no gana
aunque ruegue a Santa Rita;
en la carpeta a un mulita
3160 se le conoce al sentarse;
y conmigo, era matarse,
no podían ni a la manchita.

En el nueve y otros juegos
llevo ventaja no poca;
3165 y siempre que dar me toca
el mal no tiene remedio
porque sé sacar del medio
y sentar la de la boca.

En el truco, al más pintao
3170 solía ponerlo en apuro;
cuando aventajar procuro
sé tener, como fajadas,
tiro a tiro el as de espadas,
o flor, o envite, seguro.

3175 Yo sé defender mi plata
y lo hago como el primero;
el que ha de jugar dinero
preciso es que no se atonte;
si se armaba una de monte,
3180 tomaba parte el fondero.

Un pastel, como un paquete,
sé llevarlo con limpieza;
dende que a salir empiezan
no hay carta que no recuerde:
3185 sé cuál se gana o se pierde
en cuanto cain a la mesa.

También por estas jugadas
suele uno verse en aprietos;
mas yo no me comprometo
3190 porque sé hacerlo con arte,
y aunque les corra el descarte
no se descubre el secreto.

Si me llamaban al dao,
nunca me solía faltar
3195 un *cargado* que largar,
un cruzao para el más vivo;
y hasta atracarles un *chivo*
sin dejarlos maliciar.

Cargaba bien una taba
3200 porque la sé manejar;
no era manco en el billar,
y, por fin de lo que esplico,
digo que hasta con pichicos
era capaz de jugar.

3205 Es un vicio de mal fin,
el de jugar, no lo niego;
y todo el que vive del juego
anda a la pesca de un bobo,
y es sabido que es un robo
3210 ponerse a jugarle a un ciego.

Y esto digo claramente
porque he dejao de jugar;
y les puedo asigurar,
como que fui del oficio:
3215 más cuesta aprender un vicio
que aprender a trabajar.


## XXIII


Un nápoles mercachifle
que andaba con un arpista
cayó también en la lista
3220 sin dificultá ninguna:
lo agarré a la treinta y una
y le daba bola vista.

Se vino haciendo el chiquito,
por sacarme esa ventaja;
3225 en el pantano se encaja,
aunque robo se le hacía:
lo cegó Santa Lucía
y desocupó las cajas.

Lo hubieran visto afligido
3230 llorar por las chucherías;
"ma gañao con picardía"
decía el gringo y lagrimiaba,
mientras yo en un poncho alzaba
todita su merchería.

3235 Quedó allí aliviao del peso
sollozando sin consuelo,
había cáido en el anzuelo
tal vez porque era domingo,
y esa calidá de gringo
3240 no tiene santo en el cielo.

Pero poco aproveché
de fatura tan lucida:
el diablo no se descuida,
y a mí me seguía la pista
3245 un ñato muy enredista
que era Oficial de partida.

Se me presentó a esigir
la multa en que había incurrido,
que el juego estaba prohibido,
3250 que iba a llevarme al cuartel;
tuve que partir con él
todo lo que había alquirido.

Empecé a tomarlo entre ojos
por esa albitrariedá;
3255 yo había ganao, es verdá;
con recursos, eso sí;
pero él me ganaba a mí
fundao en su autoridá.

Decían que por un delito
3260 mucho tiempo anduvo mal;
un amigo servicial
lo compuso con el Juez,
y poco tiempo después
lo pusieron de Oficial.

3265 En recorrer el partido
continuamente se empleaba,
ningún malevo agarraba,
pero tráia en un carguero
gallinas, pavos, corderos
3270 que por áhi recoletaba.

No se debía permitir
el abuso a tal estremo:
mes a mes hacía lo mesmo,
y ansí decía el vecindario,
3275 "este ñato perdulario
"ha resucitao el diezmo."

La echaba de guitarrero
y hasta de concertador:
sentao en el mostrador
3280 lo hallé una noche cantando
y le dije: "co. . . mo. ... quiando
con ganas de óir un cantor".

Me echó el ñato una mirada
que me quiso devorar;
3285 mas no dejó de cantar
y se hizo el desentendido,
pero ya había conocido
que no lo podía pasar.

Una tarde que me hallaba
3290 de visita... vino el ñato,
y para darle un mal rato
dije fuerte: "Ña. . . to.. . ribia
"no cebe con la agua tibia"
y me la entendió el mulato.

3295 Era el todo en el Juzgao,
y como que se achocó
áhi no más me contestó:
"cuanto el caso se presiente
"te he de hacer tomar caliente
3300 "y has de saber quién soy yo."

Por causa de una mujer
se enredó más la cuestión:
le tenía el ñato afición,
ella era mujer de ley,
3305 moza con cuerpo de güey,
muy blanda de corazón.

La hallé una vez de amasijo,
estaba hecha un embeleso,
y le dije: "Me intereso
3310 "en aliviar sus quehaceres,
"y ansí, señora, si quiere
"yo le arrimaré los güesos."

Estaba el ñato presente,
sentado como de adorno;
3315 por evitar un trastorno
ella, al ver que se dijusta,
me contestó: "si usté gusta
"arrímelos junto al horno".

Áhi se enredó la madeja
3320 y su enemistá conmigo;
se declaró mi enemigo,
y por aquel cumplimiento
ya sólo buscó el momento
de hacerme dar un castigo.

3325 Yo véia que aquel maldito
me miraba con rencor,
buscando el caso mejor
de poderme echar el pial;
y no vive más el lial
3330 que lo que quiere el traidor.

No hay matrero que no caiga,
ni arisco que no se amanse;
ansí, yo, desde aquel lance
no salía de algún rincón,
3335 tirao como el San Ramón
después que se pasa el trance.


## XXIV


Me le escapé con trabajo
en diversas ocasiones;
era de los adulones,
3340 me puso mal con el Juez;
hasta que, al fin, una vez
me agarró en las eleciones.

Ricuerdo que esa ocasión
andaban listas diversas;
3345 los opiniones dispersas
no se podían arreglar:
decían que el Juez, por triunfar,
hacía cosas muy perversas.

Cuando se riunió la gente
3350 vino a ploclamarla el ñato;
diciendo, con aparato,
"que todo andaría muy mal,
"si pretendía cada cual
"votar por un candilato".

3355 Y quiso al punto quitarme
la lista que yo llevé;
mas yo se la mesquiné
y ya me gritó:... "Anarquista,
"has de votar por la lista
3360 que ha mandao el Comiqué."

Me dio vergüenza de verme
tratado de esa manera;
y como si uno se altera
ya no es fácil de que ablande,
3365 le dije: "Mande el que mande,
"yo he de votar por quien quiera".

"En las carpetas de juego
"y en la mesa eletoral,
"a todo hombre soy igual;
3370 "respeto al que me respeta
"pero el naipe y la boleta
"naides me lo ha de tocar."

Áhi no más ya me cayó
a sable la polecía;
3375 aunque era una picardía
me decidí a soportar,
y no los quise peliar
por no perderme, ese día.

Atravesao me agarró
3380 y se aprovechó aquel ñato,
dende que sufrí ese trato
no dentro donde no quepo:
fí a ginetiar en el cepo
por cuestión de candilatos.

3385 Injusticia tan notoria
no la soporté de flojo;
una venda de mis ojos
vino el suceso a voltiar:
vi que teníamos que andar
3390 como perro con tramojo.

Dende aquellas eleciones
se siguió el batiburrillo;
aquel se volvió un ovillo
del que no había ni noticia.
3395 ¡Es señora la Justicia...
y anda en ancas del más pillo!

## XXV

Despés de muy pocos días,
tal vez por no dar espera
y que alguno no se fuera,
3400 hicieron citar la gente
pa riunir un contingente
y mandar a la frontera.

Se puso arisco el gauchage;
la gente está acobardada;
3405 salió la partida armada
y trujo como perdices
unos cuantos infelices
que entraron en la voltiada.

189

Decía el ñato con soberbia:
3410 "Esta es una gente indina;
"yo los rodié a la sordina,
"no pudieron escapar;
"y llevaba orden de arriar
"todito lo que camina."

3415 Cuando vino el Comendante
dijieron: "¡Dios nos asista!"
llegó y les clavó la vista,
yo estaba haciéndomé el sonzo,
le echó a cada uno un responso
3420 y ya lo plantó en la lista.

"Cuádrate, le dijo a un negro,
te estás haciendo el chiquito
cuando sos el más maldito
que se encuentra en todo el pago;
3425 un servicio es el que te hago
y por eso te remito.

A OTRO

"Vos no cuidás tu familia
ni le das los menesteres;
visitás otras mujeres
3430 y es preciso, calabera,
que aprendás en la frontera
a cumplir con tus deberes.

A OTRO

"Vos también sos trabajoso;
cuando es preciso votar
3435 hay que mandarte llamar
y siempre andás medio alzao,
sos un desubordinao
y yo te voy a filiar.

A OTRO

"¿Cuánto tiempo hace que vos
3440 andás en este partido?
¿Cuántas veces has venido

190

a la citación del Juez?
No te he visto ni una vez,
has de ser algún perdido.

A OTRO

3445 "Este es otro barullero
que pasa en la pulpería
predicando noche y día
y anarquizando a la gente;
irás en el contingente
3450 por tamaña picardía.

A OTRO

"Dende la anterior remesa
vos andás medio perdido;
la autoridá no ha podido
jamás hacerte votar:
3455 cuando te mandan llamar
te pasás a otro partido.

A OTRO

"Vos siempre andás de florcita,
no tenés renta ni oficio;
no has hecho ningún servicio,
3460 no has votado ni una vez:
marchá... para que dejés
de andar haciendo perjuicio.

A OTRO

"Dame vos tu papeleta
yo te la voy a tener;
3465 esta queda en mi poder,
después la recogerás,
y ansí si te resertás
todos te pueden prender.

A OTRO

"Vos, porque sos ecetuao
3470 ya te querés sulevar,
no vinistes a votar

191

cuando hubieron elecciones:
no te valdrán eseciones,
yo te voy a enderezar."

3475 Y a este por este motivo
y a otro por otra razón,
toditos, en conclusión,
sin que escapara ninguno,
fueron pasando uno a uno
3480 a juntarse en un rincón.

Y allí las pobres hermanas,
las madres y las esposas
redamaban cariñosas
sus lágrimas de dolor;
3485 pero gemidos de amor
no remedian estas cosas.

Nada importa que una madre
se desespere o se queje;
que un hombre a su mujer deje
3490 en el mayor desamparo;
hay que callarse, o es claro,
que lo quiebran por el eje.

Dentran después a empeñarse
con este o aquel vecino;
3495 y como en el masculino
el que menos corre vuela,
deben andar con cautela
las pobres, me lo imagino.

Muchas al Juez acudieron,
3500 por salvar de la jugada;
él les hizo una cuerpiada,
y por mostrar su inocencia,
les dijo: "tengan pacencia
"pues yo no puedo hacer nada".

3505 Ante aquella autoridá
permanecían suplicantes;
y después de hablar bastante,
"yo me lavo, dijo el Juez,
"como Pilatos, los piés:
3510 "esto lo hace el Comendante".

De ver tanto desamparo
el corazón se partía;
había madre que salía
con dos, tres hijos o más,
3515 por delante y por detrás,
y las maletas vacías.

¿Dónde irán, pensaba yo,
a perecer de miseria?
Las pobres si de esta feria
3520 hablan mal, tienen razón;
pues hay bastante materia
para tan justa aflición.

# XXVI

Cuando me llegó mi turno
dije entre mí: "¡ya me toca!"
3525 y aunque mi falta era poca,
no sé porqué me asustaba;
les asiguro que estaba
con el Jesús en la boca.

Me dijo que yo era un vago,
3530 un jugador, un perdido;
que dende que fí al partido
andaba de picaflor;
que había de ser un bandido
como mi antesucesor.

3535 Puede que uno tenga un vicio,
     y que de él no se reforme;
     mas naides está conforme
     con recibir ese trato:
     yo conocí que era el ñato
3540 quien le había dao los informes.

     Me dentró curiosidá,
     al ver que de esa manera
     tan siguro me dijiera
     que fue mi padre un bandido;
3545 luego lo había conocido,
     y yo inoraba quién era.

     Me empeñé en aviriguarlo;
     promesas hice a Jesús;
     tube, por fin, una luz,
3550 y supe con alegría
     que era el autor de mis días
     el guapo sargento Cruz.

     Yo conocía bien su historia
     y la tenia muy presente;
3555 sabía que Cruz bravamente,
     yendo con una partida,
     había jugado la vida
     por defender a un valiente.

     Y hoy ruego a mi Dios piadoso
3560 que lo mantenga en su gloria;
     se ha de conservar su historia
     en el corazón del hijo:
     él al morir me bendijo,
     yo bendigo su memoria.

3565 Yo juré tener enmienda
     y lo conseguí deveras;
     puedo decir ande quiera
     que si faltas he tenido
     de todas me he corregido
3570 dende que supe quién era.

El que sabe ser buen hijo
a los suyos se parece;
y aquel que a su lado crece
y a su padre no hace honor
3575 como castigo merece
de la desdicha el rigor.

Con un empeño costante
mis faltas supe enmendar;
todo conseguí olvidar,
3580 pero, por desgracia mía,
el nombre de Picardía
no me lo pude quitar.

Aquel que tiene buen nombre
muchos dijustos ahorra;
3585 y entre tanta mazamorra
no olviden esta alvertencia:
aprendí por esperencia
que el mal nombre no se borra.

## XXVII

He servido en la frontera,
3590 en un cuerpo de milicias;
no por razón de justicia,
como sirve cualesquiera.
La bolilla me tocó
de ir a pasar malos ratos
3595 por la facultá del ñato,
que tanto me persiguió.
Y sufrí en aquel infierno
esa dura penitencia,
por una malaquerencia
3600 de un oficial subalterno.
No repetiré las quejas
de lo que se sufre allá;

son cosas muy dichas ya
y hasta olvidadas de viejas.

3605 Siempre el mesmo trabajar,
siempre el mesmo sacrificio,
es siempre el mesmo servicio,
y el mesmo nunca pagar.
Siempre cubiertos de harapos,

3610 siempre desnudos y pobres;
nunca le pagan un cobre
ni le dan jamás un trapo.
Sin sueldo y sin uniforme
lo pasa uno aunque sucumba;

3615 confórmesé con la *tumba*
y si no... no se conforme.
Pues si usté se ensoberbece
o no anda muy voluntario,
le aplican un novenario

3620 de estacas... que lo enloquecen.
Andan como pordioseros,
sin que un peso los alumbre,
porque han tomao la costumbre
de deberle años enteros.

3625 Siempre hablan de lo que cuesta,
que allá se gasta un platal;
pues yo no he visto ni un rial
en lo que duró la fiesta.
Es servicio estrordinario

3630 bajo el fusil y la vara,
sin que sepamos qué cara
le ha dao Dios al comisario.
Pues si va a hacer la revista,
se vuelve como una bala,

3635 es lo mesmo que luz mala
para perderse de vista.
Y de yapa cuando va,
todo parece estudiao:
va con meses atrasaos

3640 de gente que ya no está.
Pues ni adrede que lo hagan
podrán hacerlo mejor;
cuando cai, cai con la paga
del contingente anterior.

3645 Porque son como sentencia
para buscar al ausente,
y el pobre que está presente
que perezca en la endigencia.
Hasta que tanto aguantar
3650 el rigor con que lo tratan,
o se resierta, o lo matan,
o lo largan sin pagar.
De ese modo es el pastel,
porque el gaucho... ya es un hecho,
3655 no tiene ningún derecho,
ni naides vuelve por él.
¡La gente vive marchita!
si viera, cuando echan tropa,
les vuela a todos la ropa
3660 que parecen banderitas.
De todos modos lo cargan
y al cabo de tanto andar,
cuando lo largan, lo largan
como pa echarse a la mar.
3665 Si alguna prenda le han dao,
se la vuelven a quitar:
poncho, caballo, recao,
todo tiene que dejar.
Y esos pobres infelices,
3670 al volver a su destino,
salen como unos Longinos
sin tener con qué cubrirse.
A mí me daba congojas
el mirarlos de ese modo,
3675 pues el más aviao de todos
es un perejil sin hojas.
Aora poco ha sucedido,
con un invierno tan crudo,
largarlos a pié y desnudos
3680 pa volver a su partido.
Y tan duro es lo que pasa,
que en aquella situación
les niegan un mancarrón
para volver a su casa.
3685 ¡Lo tratan como a un infiel!
completan su sacrificio

no dándolé ni un papel
que acredite su servicio.
Y tiene que regresar
3690 más pobre de lo que jué,
por supuesto a la mercé
del que lo quiere agarrar.

Y no averigüe después
de los bienes que dejó:
3695 de hambre, su mujer vendió
por dos lo que vale diez.

Y como están convenidos
a jugarle manganeta,
a reclamar no sé meta
3700 porque ese es tiempo perdido.

Y luego, si a alguna estancia
a pedir carne se arrima,
al punto le cáin encima
con la ley de la vagancia.

3705 Y ya es tiempo, pienso yo,
de no dar más contingente;
si el Gobierno quiere gente,
que la pague y se acabó.

Y saco ansí en conclusión,
3710 en medio de mi inorancia,
que aquí el nacer en estancia
es como una maldición.

Y digo, aunque no me cuadre,
decir lo que naides dijo:
3715 la Provincia es una madre
que no defiende a sus hijos.

Mueren en alguna loma
en defensa de la ley,
o andan lo mesmo que el güey,
3720 arando pa que otros coman.

Y he de decir ansímismo,
porque de adentro me brota,
que no tiene patriotismo
quien no cuida al compatriota.

*La vuelta del contingente*

3725 Se me va por donde quiera
esta lengua del demonio:
voy a darles testimonio
de lo que vi en la frontera.
Yo sé que el único modo
3730 a fin de pasarlo bien,
es decir a todos amén
y jugarle risa a todo.
El que no tiene colchón
en cualquier parte se tiende;
3735 el gato busca el jogón
y ése es mozo que lo entiende.
De aquí comprenderse debe,
aunque yo hable de este modo,
que uno busca su acomodo
3740 siempre, lo mejor que puede.
Lo pasaba como todos
este pobre penitente,
pero salí de asistente
y mejoré en cierto modo.
3745 Pues aunque esas privaciones
causen desesperación,
siempre es mejor el jogón
de aquel que carga galones.
De entonces en adelante
3750 algo logré mejorar,
pues supe hacerme lugar
al lado del Ayudante.
Él se daba muchos aires;
pasaba siempre leyendo;
3755 decían que estaba aprendiendo
pa recebirse de flaire.
Aunque lo pifiaban tanto,

jamás lo ví disgustao;
tenía los ojos paraos
3760 como los ojos de un Santo.
Muy delicao, dormía en cuja
y no sé por qué sería,
la gente lo aborrecía
y le llamaban La Bruja.

3765 Jamás hizo otro servicio
ni tubo más comisiones,
que recebir las raciones
de víveres y de vicios.

Yo me pasé a su jogón
3770 al punto que me sacó,
y ya con él me llevó
a cumplir su comisión.

Estos diablos de milicos
de todo sacan partido:
3775 cuando nos vían riunidos
se limpiaban los hocicos.

Y decían en los jogones
como por chocarrería:
"con la Bruja y Picardía
3780 "van a andar bien las raciones".

A mí no me jué tan mal,
pues mi oficial se arreglaba;
les diré lo que pasaba
sobre este particular.

3785 Decía que estaba de acuerdo
La Bruja y el provedor,
y que recebía lo pior...
puede ser, pues no era lerdo.

Que a más en la cantidá
3790 pegaba otro dentellón,
y que por cada ración
le entregaban la mitá.

Y que esto lo hacía del modo
como lo hace un hombre vivo:
3795 firmando luego el recibo
ya se sabe, por el todo.

Pero esas murmuraciones
no faltan en campamento;
déjenme seguir mi cuento,

3800 o historia de las raciones.
La Bruja las recebía
como se ha dicho, a su modo;
las cargábamos, y todo
se entriega en la mayoría.
3805 Sacan allí en abundancia
lo que les toca sacar,
y es justo que han de dejar
otro tanto de ganancia.

Van luego a la compañía,
3810 las recibe el comendante,
el que de un modo abundante
sacaba cuanto quería.

Ansí la cosa liviana,
va mermada por supuesto;
3815 luego se le entrega el resto
al oficial de semana.

¿Araña, quién te arañó?
Otra araña como yo.
Éste le pasa al sargento
3820 aquello tan reducido,
y como hombre prevenido
saca siempre con aumento.

Esta relación no acabo
si otra menudencia ensarto;
3825 el sargento llama al cabo
para encargarle el reparto.

Él también saca primero
y no se sabe turbar:
naides le va a aviriguar
3830 si ha sacado más o menos.

Y sufren tanto bocao
y hacen tantas estaciones,
que ya casi no hay raciones
cuando llegan al solado.

3835 ¡Todo es como pan bendito!
y sucede, de ordinario,
tener que juntarse varios
para hacer un pucherito.

Dicen que las cosas van
3840 con arreglo a la ordenanza;
puede ser, pero no alcanzan,

¡tan poquito es lo que dan!
Algunas veces, yo pienso,
y es muy justo que lo diga,
3845 sólo llegaban las migas
que habían quedao en los lienzos.
Y esplican aquel infierno,
en que uno está medio loco,
diciendo que dan tan poco
3850 porque no paga el gobierno.
Pero eso yo no lo entiendo,
ni aviriguarlo me meto
soy inorante completo;
nada olvido y nada apriendo.
3855 Tiene uno que soportar
el tratamiento más vil:
a palos en lo civil,
a sable en lo militar.
El vistuario, es otro infierno;
3860 si lo dan, llega a sus manos
en invierno el de verano
y en el verano el de invierno.
Y yo el motivo no encuentro,
ni la razón que esto tiene;
3865 más dicen que eso ya viene
arreglao dende adentro.
Y es necesario aguantar
el rigor de su destino:
el gaucho no es argentino
3870 sino pa hacerlo matar.
Ansí ha de ser, no lo dudo,
y por eso decía un tonto:
"si los han de matar pronto,
"mejor es que estén desnudos".
3875 Pues esa miseria vieja
no se remedia jamás;
todo el que viene detrás
como la encuentra la deja.
Y se hallan hombres tan malos
3880 que dicen de buena gana:
"el gaucho es como la lana
se limpia y compone a palos".
Y es forzoso el soportar

aunque la copa se enllene:
3885 parece que el gaucho tiene
algún pecao que pagar.

## XXIX

Esto contó Picardía
y despúes guardó silencio,
mientras todos celebraban
3890 con placer aquel encuentro.
Mas una casualidá,
como que nunca anda lejos,
entre tanta gente blanca
llevó también a un moreno,
3895 presumido de cantor
y que se tenía por bueno.
Y como quien no hace nada,
o se descuida de intento,
(pues siempre es muy conocido
3900 todo aquel que busca pleito),
se sentó con toda calma,
echó mano al estrumento
y ya le pegó un rajido;
era fantástico el negro,
3905 y para no dejar dudas
medio se compuso el pecho.
Todo el mundo conoció
la intención de aquel moreno:
era claro el desafío.
3910 dirigido a Martín Fierro,
hecho con toda arrogancia,
de un modo muy altanero.
Tomó Fierro la guitarra,
pues siempre se halla dispuesto,
3915 y ansí cantaron los dos
en medio de un gran silencio:

## XXX

MARTÍN FIERRO

Mientras suene el encordao,
mientras encuentre el compás,
yo no he de quedarme atrás
3920 sin defender la parada;
y he jurado que jamás
me la han de llevar robada.

Atiendan, pues, los oyentes
y cáyensén los mirones;
3925 a todos pido perdones,
pues a la vista resalta
que no está libre de falta
quien no está de tentaciones.

A un cantor le llaman bueno,
3930 cuando es mejor que los piores;
y sin ser de los mejores,
encontrándosé dos juntos,
es deber de los cantores
el cantar de contrapunto.

3935 El hombre debe mostrarse
cuando la ocasión le llegue;
hace mal el que se niegue
dende que lo sabe hacer,
y muchos suelen tener
3940 vanagloria en que los rueguen.

Cuando mozo fuí cantor,
—es una cosa muy dicha—
mas la suerte se incapricha

y me persigue costante:
3945 de ese tiempo en adelante
canté mis propias desdichas.


Y aquellos años dichosos
trataré de recordar;
veré si puedo olvidar
3950 tan desgraciada mudanza,
y quien se tenga confianza
tiemple y vamos a cantar.


Tiemple y cantaremos juntos,
trasnochadas no acobardan;
3955 los concurrentes aguardan,
y porque el tiempo no pierdan,
haremos gemir las cuerdas
hasta que las velas no ardan.


Y el cantor que se presiente,
3960 que tenga o no quien lo ampare,
no espere que yo dispare
aunque su saber sea mucho;
vamos en el mesmo pucho
a prenderle hasta que aclare.


3965 Y seguiremos si gusta
hasta que se vaya el día;
era la costumbre mía
cantar las noches enteras:
había entonces dondequiera
3970 cantores de fantasía.


Y si alguno no se atreve
a seguir la caravana,
o si cantando no gana,
se lo digo sin lisonja:
3975 haga sonar una esponja
o ponga cuerdas de lana.

## EL MORENO

Yo no soy, señores míos,
sinó un pobre guitarrero;
pero doy gracias al cielo
3980 porque puedo, en la ocasión,
toparme con un cantor
que esperimente a este negro.

Yo también tengo algo blanco,
pues tengo blancos los dientes;
3985 sé vivir entre las gentes
sin que me tengan en menos:
quien anda en pagos agenos
debe ser manso y prudente.

Mi madre tuvo diez hijos,
3990 los nueve muy regulares;
tal vez por eso me ampare
la Providencia divina:
en los güevos de gallina
el décimo es el más grande.

3995 El negro es muy amoroso,
aunque de esto no hace gala;
nada a su cariño iguala
ni a su tierna voluntá;
es lo mesmo que el macá:
4000 cría los hijos bajo el ala.

Pero yo he vivido libre
y sin depender de naides;
siempre he cruzado a los aires
como el pájaro sin nido;
4005 cuanto sé lo he aprendido
porque me lo enseñó un flaire.

Y sé como cualquier otro
el porqué retumba el trueno,
por qué son las estaciones

207

4010 del verano y del invierno;
sé también de dónde salen
las aguas que cain del cielo.

Yo sé lo que hay en la tierra
en llegando al mesmo centro;
4015 en donde se encuentra el oro,
en donde se encuentra el fierro,
y en donde viven bramando
los volcanes que echan juego.

Yo sé del fondo del mar
4020 donde los pejes nacieron;
yo sé por qué crece el árbol,
y por qué silban los vientos;
cosas que inoran los blancos
las sabe este pobre negro.

4025 Yo tiro cuando me tiran,
cuando me aflojan, aflojo;
no se ha de morir de antojo
quien me convide a cantar:
para conocer a un cojo
4030 lo mejor es verlo andar.

Y si una falta cometo
en venir a esta riunión
echándolá de cantor,
pido perdón en voz alta,
4035 pues nunca se halla una falta
que no esista otra mayor.

De lo que un cantor esplica
no falta que aprovechar,
y se le debe escuchar
4040 aunque sea negro el que cante:
apriende el que es inorante,
y el que es sabio, apriende más.

Bajo la frente más negra
hay pensamiento y hay vida;
4045 la gente escuche tranquila,
no me haga ningún reproche:
también es negra la noche
y tiene estrellas que brillan.

Estoy, pues, a su mandao,
4050 empiece a echarme la sonda
si gusta que le responda,
aunque con lenguaje tosco:
en leturas no conozco
la jota por ser redonda.

MARTÍN FIERRO

4055 ¡Ah negro! si sos tan sabio
no tengás ningún recelo:
pero has tragao el anzuelo
y, al compás del estrumento,
has de decirme al momento
4060 cuál es el canto del cielo.

EL MORENO

Cuentan que de mi color
Dios hizo al hombre primero;
mas los blancos altaneros,
los mesmos que lo convidan,
4065 hasta de nombrarlo olvidan
y sólo le llaman negro.

Pinta el blanco negro al diablo,
y el negro, blanco lo pinta;
blanca la cara o retinta,
4070 no habla en contra ni en favor:
de los hombres el Criador
no hizo dos clases distintas.

Y después de esta alvertencia
que al presente viene a pelo,
4075 veré, señores, si puedo,

209

sigún mi escaso saber,
con claridá responder
cuál es el canto del cielo.

Los cielos lloran y cantan
4080 hasta en el mayor silencio;
lloran al cáir el rocío,
cantan al silbar los vientos,
lloran cuando cain las aguas
cantan cuando brama el trueno.

MARTÍN FIERRO

4085 Dios hizo al blanco y al negro
sin declarar los mejores;
les mandó iguales dolores
bajo de una mesma cruz;
mas también hizo la luz
4090 pa distinguir los colores.

Ansí ninguno se agravie;
no se trata de ofender;
a todo se ha de poner
el nombre con que se llama,
4095 y a naides le quita fama
lo que recibió al nacer.

Y ansí me gusta un cantor
que no se turba ni yerra;
y si en tu saber se encierra
4100 el de los sabios projundos,
decíme cuál en el mundo
es el canto de la tierra.

EL MORENO

Es pobre mi pensamiento
es escasa mi razón;
4105 mas pa dar contestación
mi inorancia no me arredra:
también da chispa la piedra
si la gólpea el eslabón.

Y le daré una respuesta
4110 sigún mis pocos alcances:
forman un canto en la tierra
el dolor de tanta madre,
el gemir de los que mueren
y el llorar de los que nacen.

MARTÍN FIERRO

4115 Moreno, alvierto que trais
bien dispuesta la garganta:
sos varón, y no me espanta
verte hacer esos primores:
en los pájaros cantores
4120 sólo el macho es el que canta.

Y ya que al mundo vinistes
con el sino de cantar,
no te vayás a turbar
no te agrandes ni te achiques:
4125 es preciso que me espliques
cuál es el canto del mar.

EL MORENO

A los pájaros cantores
ninguno imitar pretiende;
de un don que de otro depende
4130 naides se debe alabar,
pues la urraca apriende a hablar
pero sólo la hembra apriende.

Y ayúdamé ingenio mío
para ganar esta apuesta;
4135 mucho el contestar me cuesta
pero debo contestar:
voy a decirle en respuesta
cuál es el canto del mar.

Cuando la tormenta brama,
4140 el mar que todo lo encierra
canta de un modo que aterra,

como si el mundo temblara;
parece que se quejara
de que lo estreche la tierra.

4145  Toda tu sabiduría
has de mostrar esta vez;
ganarás sólo que estés
en vaca con algún santo:
la noche tiene su canto,
4150  y me has de decir cuál es.

EL MORENO

No galope, que hay augeros,
le dijo a un guapo un prudente;
le contesto humildemente:
la noche por canto tiene
4155  esos ruidos que uno siente
sin saber de dónde vienen.

Son los secretos misterios
que las tinieblas esconden;
son los ecos que responden
4160  a la voz del que da un grito,
como un lamento infinito
que viene no sé de dónde.

A las sombras sólo el sol
las penetra y las impone;
4165  en distintas direciones
se oyen rumores inciertos:
son almas de los que han muerto,
que nos piden oraciones.

MARTÍN FIERRO

Moreno, por tus respuestas
4170  ya te aplico el cartabón,
pues tenés desposición
y sos estruido de yapa;
ni las sombras se te escapan
para dar esplicación.

212

4175 Pero cumple su deber
el leal diciendo lo cierto,
y por lo tanto te alvierto
que hemos de cantar los dos,
dejando en la paz de Dios
4180 las almas de los que han muerto.

Y el consejo del prudente
no hace falta en la partida;
siempre ha de ser comedida
la palabra de un cantor:
4185 y áura quiero que me digas
de dónde nace el amor.

EL MORENO

A pregunta tan escura
trataré de responder,
aunque es mucho pretender
4190 de un pobre negro de estancia;
mas conocer su inorancia
es principio del saber.

Ama el pájaro en los aires
que cruza por donde quiera,
4195 y si al fin de su carrera
se asienta en alguna rama,
con su alegre canto llama
a su amante compañera.

La fiera ama en su guarida,
4200 de la que es rey y señor;
allí lanza con furor
esos bramidos que espantan,
porque las fieras no cantan:
las fieras braman de amor.

4205 Ama en el fondo del mar
el pez de lindo color;
ama el hombre con ardor,
ama todo cuanto vive;
de Dios vida se recibe,
4210 y donde hay vida, hay amor.

Me gusta, negro ladino,
lo que acabás de esplicar;
ya te empiezo a respetar,
aunque al principio me réi,
4215   y te quiero preguntar
lo que entendés por la ley.

EL MORENO

Hay muchas dotorerías
que yo no puedo alcanzar;
dende que aprendí a inorar
4220   de ningún saber me asombro;
mas no ha de llevarme al hombro
quien me convide a cantar.

Yo no soy cantor ladino
y mi habilidá es muy poca;
4225   mas cuando cantar me toca
me defiendo en el combate,
porque soy como los mates:
sirvo si me abren la boca.

Dende que elige a su gusto,
4230   lo más espinoso elige;
pero esto poco me aflige,
y le contesto a mi modo:
la ley se hace para todos,
mas sólo al pobre le rige.

4235   La ley es tela de araña,
en mi inorancia lo esplico:
no la tema el hombre rico,
nunca la tema el que mande,
pues la ruempe el bicho grande
4240   y sólo enrieda a los chicos.

Es la ley como la lluvia:
nunca puede ser pareja;
el que la aguanta se queja,

pero el asunto es sencillo,
4245 la ley es como el cuchillo:
no ofiende a quien lo maneja.

Le suelen llamar espada,
y el nombre le viene bien;
los que gobiernan ven
4250 a dónde han de dar el tajo:
le cai al que se halla abajo
y corta sin ver a quien.

Hay muchos que son dotores,
y de su cencia no dudo;
4255 mas yo soy un negro rudo,
y, aunque de esto poco entiendo,
estoy diariamente viendo
que aplican la del embudo.

MARTÍN FIERRO

Moreno, vuelvo a decirte:
4260 ya conozco tu medida;
has aprovechao la vida
y me alegro de este encuentro;
ya veo que tenés adentro
capital pa esta partida.

4265 Y áura te voy a decir,
porque en mi deber está,
y hace honor a la verdá
quien a la verdá se duebla,
que sos por juera tinieblas
4270 y por dentro claridá.

No ha de decirse jamás
que abusé de tu pacencia;
y en justa correspondencia,
si algo querés preguntar,
4275 podés al punto empezar,
pues ya tenés mi licencia.

No te trabes lengua mía,
no te vayas a turbar;
nadie acierta antes de errar
4280 y, aunque la fama se juega,
el que por gusto navega
no debe temerle al mar.

Voy a hacerle mis preguntas,
ya que a tanto me convida;
4285 y vencerá en la partida
si una esplicación me da
sobre el tiempo y la medida,
el peso y la cantidá.

Suya será la vitoria
4290 si es que sabe contestar;
se lo debo declarar
con claridá, no se asombre,
pues hasta áura ningún hombre
me lo ha sabido esplicar.

4295 Quiero saber y lo inoro,
pues en mis libros no está,
y su respuesta vendrá
a servirme de gobierno;
para qué fin el Eterno
4300 ha criado la cantidá.

MARTÍN FIERRO

Moreno, te dejás cáir
como carancho en su nido;
ya veo que sos prevenido,
mas también estoy dispuesto;
4305 veremos si te contesto
y si te das por vencido.

Uno es el sol, uno el mundo,
sola y única es la luna;
ansí, han de saber que Dios

*Canto por cifra, de contrapunto entre Martín Fierro y un negro*

4310    no crió cantidá ninguna.
El ser de todos los seres
sólo formó la unidá;
lo demás lo ha criado el hombre
después que aprendió a contar.

EL MORENO

4315    Veremos si a otra pregunta
da una respuesta cumplida:
el ser que ha criado la vida
lo ha de tener en su archivo,
mas yo inoro qué motivo
4320    tuvo al formar la medida.

MARTÍN FIERRO

Escuchá con atención
yo que en mi inorancia arguyo:
la medida la inventó
el hombre para bien suyo.
4325    Y la razón no te asombre,
pues es fácil presumir:
Dios no tenía que medir
sinó la vida del hombre.

EL MORENO

Si no falla su saber
4330    por vencedor lo confieso;
debe aprender todo eso
quien a cantar se dedique;
y áura quiero que me esplique
lo que sinifica el peso.

MARTÍN FIERRO

4335    Dios guarda entre sus secretos
el secreto que eso encierra,
y mandó que todo peso
cayera siempre a la tierra;
y sigún compriendo yo,
4340    dende que hay bienes y males,
fue el peso para pesar
las culpas de los mortales.

EL MORENO

Si responde a esta pregunta
téngasé por vencedor;
4345 doy la derecha al mejor;
y respóndamé al momento:
cuándo formó Dios el tiempo
y por qué lo dividió.

MARTÍN FIERRO

Moreno, voy a decir
4350 sigún mi saber alcanza:
el tiempo sólo es tardanza
de lo que está por venir;
no tuvo nunca principio
ni jamás acabará,
4355 porque el tiempo es una rueda,
y rueda es eternidá;
y si el hombre lo divide
sólo lo hace, en mi sentir,
por saber lo que ha vivido
4360 o le resta que vivir.

Ya te he dado mis respuestas,
mas no gana quien despunta:
si tenés otra pregunta
o de algo te has olvidao,
4365 siempre estoy a tu mandao
para sacarte de dudas.

No procedo por soberbia
ni tampoco por jatancia,
mas no ha de faltar costancia
4370 cuando es preciso luchar;
y te convido a cantar
sobre cosas de la Estancia.

Ansí prepará, moreno,
cuanto tu saber encierre;
4375 y sin que tu lengua yerre,
me has de decir lo que empriende
el que del tiempo depende,
en los meses que train erre.

De la inorancia de naides
4380 ninguno debe abusar;
y aunque me puede doblar
todo el que tenga más arte,
no voy a ninguna parte
a dejarme machetiar.

4385 He reclarao que en leturas
soy redondo como jota;
no avergüence mi redota,
pues con claridá le digo:
no me gusta que conmigo
4390 naides juegue a la pelota.

Es buena ley que el más lerdo
debe perder la carrera;
ansí le pasa a cualquiera,
cuando en competencia se halla
4395 un cantor de media talla
con otro de talla entera.

¿No han visto en medio del campo
al hombre que anda perdido,
dando güeltas aflijido
4400 sin saber dónde rumbiar?
Ansí le suele pasar
a un pobre cantor vencido.

También los árboles crugen
si el ventarrón los azota;
4405 y si aquí mi queja brota
con amargura, consiste
en que es muy larga y muy triste
la noche de la redota.

Y dende hoy en adelante,
4410 pongo de testigo al cielo
para seguir sin recelo

que, si mi pecho se inflama,
no cantaré por la fama
sinó por buscar consuelo.


4415 Vive ya desesperado
quien no tiene que esperar;
a lo que no ha de durar
ningún cariño se cobre:
alegrías en un pobre
4420 son anuncios de un pesar.


Y este triste desengaño
me durará mientras viva;
aunque un consuelo reciba
jamás he de alzar el vuelo:
4425 quien no nace para el cielo
de balde es que mire arriba.


Y suplico a cuantos me oigan
que me permitan decir
que al decidirme a venir
4430 no sólo jué por cantar,
sinó porque tengo a más
otro deber que cumplir.


Ya saben que de mi madre
fueron diez los que nacieron;
4435 mas ya no esiste el primero
y más querido de todos:
murió, por injustos modos,
a manos de un pendenciero.


Los nueve hermanos restantes
4440 como güerfanos quedamos;
dende entonces lo lloramos
sin consuelo, créanmenló,
y al hombre que lo mató
nunca jamás lo encontramos.

4445 Y queden en paz los güesos
de aquel hermano querido;
a moverlos no he venido,
mas, si el caso se presienta,
espero en Dios que esta cuenta
4450 se arregle como es debido.

Y si otra ocasión payamos
para que esto se complete,
por mucho que lo respete
cantaremos, si le gusta,
4455 sobre las muertes injustas,
que algunos hombres cometen.

Y aquí, pues, señores míos,
diré, como en despedida,
que todavía andan con vida,
4460 los hermanos del dijunto,
que recuerdan este asunto
y aquella muerte no olvidan.

Y es misterio tan projundo
lo que está por suceder,
4465 que no me debo meter
a echarla aquí de adivino:
lo que decida el destino
después lo habrán de saber.

MARTÍN FIERRO

Al fin cerrastes el pico
4470 después de tanto charlar;
ya empesaba a maliciar
al verte tan entonao,
que tráias un embuchao
y no lo querías largar.

4475 Y ya que nos conocemos,
basta de conversación;
para encontrar la ocasión
no tienen que darse priesa:
ya conozco yo que empiesa
4480 otra clase de junción.

Yo no sé lo que vendrá,
tampoco soy adivino;
pero firme en mi camino
hasta el fin he de seguir:
4485   todos tienen que cumplir
con la ley de su destino.

Primero fue la frontera
por persecución de un juez,
los indios fueron después,
4490   y, para nuevos estrenos,
áhora son estos morenos
pa alivio de mi vejez.

La madre echó diez al mundo,
lo que cualquiera no hace;
4495   y talvez de los diez pase
con iguales condiciones:
la mulita pare nones,
todos de la mesma clase.

A hombre de humilde color
4500   nunca sé facilitar;
cuando se llega a enojar
suele ser de mala entraña;
se vuelve como la araña,
siempre dispuesta a picar.

4505   Yo he conocido a toditos
los negros más peliadores;
había algunos superiores
de cuerpo y de vista.... ¡ai juna!
si vivo, les daré una...
4510   historia de los mejores.

Mas cada uno ha de tirar
en el yugo en que se vea;
yo ya no busco peleas,
las contiendas no me gustan;
4515   pero ni sombras me asustan
ni bultos que se menean.

La créia ya desollada,
mas todavía falta el rabo,
y por lo visto no acabo
4520 de salir de esta jarana;
pues esto es lo que se llama
remachárselé a uno el clavo.

## XXXI

Y después de estas palabras
que ya la intención revelan,
4525 procurando los presentes
que no se armara pendencia
se pusieron de por medio
y la cosa quedó quieta.
Martín Fierro y los muchachos,
4530 evitando la contienda,
montaron y paso a paso
como el que miedo no lleva,
a la costa de un arroyo
llegaron a echar pie a tierra.
4535 Desensillaron los pingos
y se sentaron en rueda,
refiriéndosé entre sí
infinitas menudencias,
porque tiene muchos cuentos
4540 y muchos hijos la ausencia.
Allí pasaron la noche
a la luz de las estrellas,
porque ese es un cortinao
que lo halla uno donde quiera,
4545 y el gaucho sabe arreglarse
como ninguno se arregla.
El colchón son las caronas,
el lomillo es cabecera,
el coginillo es blandura,
4550 y con el poncho o la jerga,

para salvar del rocío
se cubre hasta la cabeza.
Tiene su cuchillo al lado,
pues la precaución es buena;
4555 freno y rebenque a la mano,
y, teniendo el pingo cerca,
que pa asigurarlo bien
la argolla del lazo entierra
(aunque el atar con el lazo
4560 da del hombre mala idea)
se duerme ansí muy tranquilo
todita la noche entera;
y si es lejos del camino,
como manda la prudencia,
4565 más siguro que en su rancho
uno ronca a pierna suelta,
pues en el suelo no hay chinches,
y es una cuja camera
que no ocasiona disputas
4570 y que naides se la niega.
Además de eso, una noche
la pasa uno como quiera,
y las va pasando todas
haciendo la mesma cuenta.
4575 Y luego los pajaritos,
al aclarar, lo dispiertan,
porque el sueño no lo agarra
a quien sin cenar se acuesta.
Ansí, pues, aquella noche
4580 jué para ellos una fiesta,
pues todo parece alegre
cuando el corazón se alegra.
No pudiendo vivir juntos
por su estado de pobreza,
4585 resolvieron separarse,
y que cada cual se juera
a procurarse un refujio
que aliviara su miseria.
Y antes de desparramarse
4590 para enfrentar vida nueva,
en aquella soledá

Martín Fierro con prudencia,
a sus hijos y al de Cruz
les habló de esta manera:

## XXXII

4595 Un padre que da consejos
más que padre es un amigo;
ansí, como tal les digo
que vivan con precaución:
naides sabe en que rincón
4600 se oculta el que es su enemigo.

Yo nunca tuve otra escuela
que una vida desgraciada;
no estrañen si en la jugada
alguna vez me equivoco,
4605 pues debe saber muy poco
aquel que no aprendió nada.

Hay hombres que de su cencia
tienen la cabeza llena;
hay sabios de todas menas,
4610 mas digo, sin ser muy ducho:
es mejor que aprender mucho
el aprender cosas buenas.

No aprovechan los trabajos
si no han de enseñamos nada;
4615 el hombre, de una mirada
todo ha de verlo al momento:
el primer conocimiento
es conocer cuándo enfada.

Su esperanza no la cifren
4620 nunca en corazón alguno;
en el mayor infortunio

pongan su confianza en Dios;
de los hombres, sólo en uno,
con gran precaución, en dos.

4625 Las faltas no tienen límites
como tienen los terrenos,
se encuentran en los más buenos
y es justo que les prevenga:
aquél que defetos tenga
4630 disimule los agenos.

Al que es amigo, jamás
lo dejen en la estacada;
pero no le pidan nada
ni lo aguarden todo de él:
4635 siempre el amigo más fiel
es una conduta honrada.

Ni el miedo ni la codicia
es bueno que a uno lo asalten,
ansí, no se sobresalten
4640 por los bienes que perezcan;
al rico nunca le ofrezcan
y al pobre jamás le falten.

Bien lo pasa hasta entre pampas
el que respeta a la gente;
4645 el hombre ha de ser prudente
para librarse de enojos;
cauteloso entre los flojos,
moderado entre valientes.

El trabajar es la ley,
4650 porque es preciso alquirir;
no se espongan a sufrir
una triste situación:
sangra mucho el corazón
del que tiene que pedir.

4655 Debe trabajar el hombre
para ganarse su pan;
pues la miseria, en su afán
de perseguir de mil modos,
llama en la puerta de todos
4660 y entra en la del haragán.

A ningún hombre  amenacen
porque naides se acobarda;
poco en conocerlo tarda
quien amenaza imprudente,
4665 que hay un peligro presente
y otro peligro se aguarda.

Para vencer un peligro,
salvar de cualquier abismo,
por esperencia lo afirmo:
4670 más que el sable y que la lanza
suele servir la confianza
que el hombre tiene en sí mismo.

Nace el hombre con la astucia
que ha de servirle de guía;
4675 sin ella sucumbiría,
pero, sigún mi esperencia,
se vuelve en unos prudencia
y en los otros picardía.

Aprovecha la ocasión
4680 el hombre que es diligente;
y ténganló bien presente
si al compararla no yerro:
la ocasión es como el fierro,
se ha de machacar caliente.

4685 Muchas cosas pierde el hombre
que a veces las vuelve a hallar;
pero les debo enseñar,
y es bueno que lo recuerden:
si la vergüenza se pierde
4690 jamás se vuelve a encontrar.

Los hermanos sean unidos,
porque esa es la ley primera;
tengan unión verdadera
en cualquier tiempo que sea,
4695 porque si entre ellos pelean
los devoran los de ajuera.

Respeten a los ancianos
el burlarlos no es hazaña;
si andan entre gente estraña
4700 deben ser muy precavidos,
pues por igual es tenido
quien con malos se acompaña.

La cigüeña, cuando es vieja
pierde la vista, y procuran
4705 cuidarla en su edá madura
todas sus hijas pequeñas:
apriendan de las cigüeñas
este ejemplo de ternura.

Si les hacen una ofensa,
4710 aunque la echen en olvido,
vivan siempre prevenidos;
pues ciertamente sucede
que hablará muy mal de ustedes
aquel que los ha ofendido.

4715 El que obedeciendo vive
nunca tiene suerte blanda;
mas con su soberbia agranda
el rigor en que padece:
obedezca el que obedece
4720 y será bueno el que manda.

Procuren de no perder
ni el tiempo ni la vergüenza;
como todo hombre que piensa
procedan siempre con juicio,
4725 y sepan que ningún vicio
acaba donde comienza.

Ave de pico encorvada
le tiene al robo afición;
pero el hombre de razón
4730 no roba jamás un cobre,
pues no es vergüenza ser pobre
y es vergüenza ser ladrón.

El hombre no mate al hombre
ni pelée por fantasía;
4735 tiene en la desgracia mía
un espejo en que mirarse:
saber el hombre guardarse
es la gran sabiduría.

La sangre que se redama
4740 no se olvida hasta la muerte;
la impresión es de tal suerte,
que a mi pesar, no lo niego,
cai como gotas de fuego
en la alma del que la vierte.

4745 Es siempre, en toda ocasión,
el trago el pior enemigo;
con cariño se los digo,
recuérdenló con cuidado;
aquel que ofiende embriagado
4750 merece doble castigo.

Si se arma algún revolutis
siempre han de ser los primeros;
no se muestren altaneros
aunque la razón les sobre:
4755 en la barba de los pobres
aprienden pa ser barberos.

Si entriegan su corazón
a alguna mujer querida,
no le hagan una partida
4760 que la ofienda a la mujer:
siempre los ha de perder
una mujer ofendida.

Procuren, si son cantores,
el cantar con sentimiento,
4765    no tiemplen el estrumento
por sólo el gasto de hablar,
y acostúmbrensé a cantar
en cosas de jundamento.

Y les doy estos consejos,
4770    que me ha costado alquirirlos,
porque deseo dirijirlos;
pero no alcanza mi cencia
hasta darles la prudencia
que precisan pa seguirlos.

4775    Estas cosas y otras muchas,
medité en mis soledades;
sepan que no hay falsedades
ni error en estos consejos:
es de la boca del viejo
4780    de ande salen las verdades.

## XXXIII

Después, a los cuatro vientos
los cuatro se dirijieron;
una promesa se hicieron
que todos debían cumplir;
4785    mas no la puedo decir,
pues secreto prometieron.

Les alvierto solamente,
y esto a ninguno le asombre,
pues muchas veces el hombre
4790    tiene que hacer de ese modo:
convinieron entre todos
en mudar allí de nombre.

231

Sin ninguna intención mala
lo hicieron, no tengo duda;
4795  pero es la verdá desnuda,
siempre suele suceder:
aquel que su nombre muda
tiene culpas que esconder.

Y ya dejo el estrumento
4800  conque he divertido a ustedes:
todos conocerlo pueden
que tuve costancia suma:
este es un botón de pluma
que no hay quien lo desenriede.

4805  Con mi deber he cumplido
y ya he salido del paso:
pero diré, por si acaso,
pa que me entiendan los criollos:
todavía me quedan rollos
4810  por si se ofrece dar lazo.

Y con esto me despido
sin espresar hasta cuándo;
siempre corta por lo blando
el que busca lo siguro;
4815  mas yo corto por lo duro,
y ansí he de seguir cortando.

Vive el águila en su nido,
el tigre vive en la selva,
el zorro en la cueva agena,
4820  y, en su destino incostante,
sólo el gaucho vive errante
donde la suerte lo lleva.

Es el pobre en su orfandá
de la fortuna el desecho,
4825  porque naides toma a pecho
el defender a su raza;
debe el gaucho tener casa,
escuela, iglesia y derechos.

Y han de concluir algún día
4830 estos enriedos malditos;
la obra no la facilito
porque aumentan el fandango
los que están, como el chimango,
sobre el cuero y dando gritos.

4835 Mas Dios ha de permitir,
que esto llegue a mejorar,
pero se ha de recordar
para hacer bien el trabajo
que el fuego, pa calentar,
4840 debe ir siempre por abajo.

En su ley está el de arriba
si hace lo que le aproveche:
de sus favores sospeche
hasta el mesmo que lo nombra:
4845 siempre es dañosa la sombra
del árbol que tiene leche.

Al pobre al menor descuido
lo levantan de un sogazo;
pero yo compriendo el caso
4850 y esta consecuencia saco:
el gaucho es el cuero flaco,
da los tientos para el lazo.

Y en lo que esplica mi lengua
todos deben tener fe;
4855 ansí, pues, entiéndanmé,
con codicias no me mancho:
no se ha de llover el rancho
en donde este libro esté.

Permítanmé descansar,
4860 ¡pues he trabajado tanto!
En este punto me planto
y a continuar me resisto;
estos son treinta y tres cantos
que es la mesma edá de Cristo.

233

4865 Y guarden estas palabras
que les digo al terminar:
en mi obra he de continuar
hasta dárselás concluida,
si el ingenio o si la vida
4870 no me llegan a faltar.

Y si la vida me falta,
ténganló todos por cierto,
que el gaucho, hasta en el desierto
sentirá en tal ocasión
4875 tristeza en el corazón
al saber que yo estoy muerto.

Pues son mis dichas desdichas
las de todos mis hermanos;
ellos guardarán ufanos
4880 en su corazón mi historia;
me tendrán en su memoria
para siempre mis paisanos.

Es la memoria un gran don,
calidá muy meritoria;
4885 y aquellos que en esta historia
sospechen que les doy palo,
sepan que olvidar lo malo
también es tener memoria.

Mas naides se crea ofendido,
4890 pues a ninguno incomodo;
y si canto de este modo
por encontrarlo oportuno,
NO ES PARA MAL DE NINGUNO
SINO PARA BIEN DE TODOS.

234

# LA VUELTA

DE

# MARTIN FIERRO

POR

## JOSÉ HERNANDEZ

PRIMERA EDICION, ADORNADA CON DIEZ LAMINAS

SE VENDE EN TODAS LAS LIBRERIAS DE BUENOS AIRES

Depósito central: LIBRERIA DEL PLATA, Calle Tacuari, 17

1879

# Índice

Esta obra se terminó de imprimir en los talleres Gráficos
de *Mac Tomas,* Murguiondo 2160,
ciudad de Buenos Aires. Argentina.
En el mes de Febrero de 2006.